JN297025

会計学叢書 **Introductory**

原価計算

奥村輝夫
齋藤正章
井出健二郎

新世社

はしがき

　原価計算に関心を持った方ならば誰が読んでもよくわかる本，入門書として最適な本，そのような構想をもって本書を編纂しました。

　会計学という広い分野の中で，原価計算は比較的理解しにくい科目といわれています。そこで本書では，それぞれの章において，出来るだけやさしい表現によって，また，図表や計算例を豊富に示すことによって，読者の理解に役立つよう十分配慮しました。本書を読み終えたときに，原価計算の面白さや深さをたくさん知っていただき，ある人には，さらに高度な原価計算の研究へと進む足掛かりとなり，またある人には，実務での応用にさらなる磨きをかけるきっかけとなるように構成いたしました。

　原価計算を含む管理会計の領域は，会計環境の著しい変化と拡大によって，近年，新しい理論展開や高度な会計技術が必要となっています。たとえば，ABC原価計算，活動基準予算，バランスト・スコアカード，キャッシュフロー会計，スループット会計，原価企画，品質原価計算，戦略原価計算など，枚挙にいとまがありません。

　このような現状において，本書は，現代原価計算の基礎知識を体系的に学びやすく解説し，内容を精選し，基本となる考え方を浮き彫りにしようと試みました。そのために，本書の構成は，新しい公認会計士試験の試験範囲を参考とし，その中から原価計算の基本的内容を抽出しています。

　まず，第1章の原価計算の基礎から始まり，第9章までは製品原価計算についての説明をしています。第2章は，主に費目別計算を説明しましたが，読者の理解を容易にするために，図解や設例を出来る限り多く導入しました。第3章では部門別計算を，第5章から第9章までは製品別計算のいろいろな種類を説明しました。その際，第4章で製造間接費の新しい計算法として，ABC原価計算も取り上げています。

第10章から第12章までは，原価情報を利用した意思決定の領域の中で，比較的原価計算に近くて入門的な内容を紹介しました。以上が本書の全体像についての概略です。これらの内容によって，現代原価計算の重要な基本的問題は，ほぼ網羅されているはずです。

しかし，何分にも紙数に限りがあり，そのすべてを余すことなく説明できていないかもしれません。また，おそらくなお不完全な箇所や，思い違いがあるかもしれません。それらについては，今後，機会を得た際には改めていく所存です。

本書を通読することにより，読者の方々が原価計算に対する明確な基礎知識を得られるならば，また，興味を感じてさらに深い研究へと進んで下さるならば，著者一同にとって，望外の喜びとするところであります。

最後に，本書の出版に際し，何かとご高配を賜った新世社取締役編集部長の御園生晴彦氏に，心からのお礼を申し上げます。

2007年9月

奥　村　輝　夫
齋　藤　正　章
井　出　健二郎

目　次

第 1 章　原価計算の基礎　　1

- 1.1　原価計算の主な 3 つの役割 ── 2
- 1.2　生産形態と原価計算 ── 3
- 1.3　原価計算基準と原価計算の目的 ── 7
- 1.4　原価の基本的性質 ── 11
- 1.5　原価の種類と意義 ── 15
- 1.6　原価計算の種類 ── 21
- 1.7　原価計算を実施するには ── 24
- 1.8　原価計算の一般的基準 ── 28
- 1.9　本書の構成について ── 29
- ●練習問題　30

第 2 章　実際原価計算　　33

- 2.1　材料費の計算 ── 34
- 2.2　労務費の計算 ── 45
- 2.3　経費の計算 ── 52
- 2.4　製造間接費の計算 ── 55
- 2.5　単純個別原価計算 ── 63
- ●練習問題　72

第3章　部門別原価計算　　75

- 3.1　部門別計算の意義と目的 ── 76
- 3.2　原価部門の設定 ── 77
- 3.3　第1次集計：部門個別費集計と部門共通費の各部門への配賦 ── 78
- 3.4　第2次集計：補助部門費の製造部門への配賦 ── 80
- 3.5　第3次集計：製造部門費の製品への（予定）配賦 ── 86
  - ●練習問題　89

第4章　活動基準原価計算（ABC）　　93

- 4.1　活動基準原価計算とは ── 94
- 4.2　活動基準原価計算の計算方法 ── 94
- 4.3　伝統的原価計算とABCによる計算 ── 97
- 4.4　伝統的原価計算とABCの比較 ── 99
  - ●練習問題　100

第5章　総合原価計算　　103

- 5.1　総合原価計算の意義 ── 104
- 5.2　月末仕掛品の評価 ── 104
- 5.3　単純総合原価計算表 ── 118
- 5.4　総合原価計算の分類 ── 119
  - ●練習問題　121

第6章　工程別総合原価計算　　125

- 6.1　工程別総合原価計算とは ── 126
- 6.2　工程別総合原価計算の計算方法 ── 127
- 6.3　工程別総合原価計算の手続 ── 129
- 6.4　第2工程以降の月末仕掛品原価の算出について ── 133
- 6.5　加工費工程別総合原価計算 ── 136
  - ●練習問題　138

第7章 その他の総合原価計算　　141

- 7.1 その他の総合原価計算 — 142
- 7.2 等級別総合原価計算 — 142
- 7.3 組別総合原価計算 — 145
- 7.4 副産物の処理と評価 — 148
- 7.5 連産品原価計算 — 150
- 7.6 材料の追加投入がある場合の処理 — 153
  - ●練習問題　155

第8章 標準原価計算　　159

- 8.1 標準原価計算の意義 — 160
- 8.2 標準原価計算の目的 — 162
- 8.3 標準原価計算の手続 — 165
- 8.4 標準原価の分類 — 167
- 8.5 原価差異の算定と分析 — 168
- 8.6 原価差異の処理 — 183
  - ●練習問題　183

第9章 直接原価計算　　187

- 9.1 直接原価計算の意義 — 188
- 9.2 固定費調整 — 190
  - ●練習問題　194

第10章 短期利益計画入門　　197

- 10.1 変動費と固定費の分解（原価の予測） — 198
- 10.2 CVP分析 — 203
- 10.3 利益計画の課題 — 208
  - ●練習問題　212

第11章　差額原価収益分析入門　213

- 11.1　意思決定のための原価概念 ― 214
- 11.2　意思決定問題 ― 216
  - ●練習問題　219

第12章　設備投資の経済性計算入門　221

- 12.1　経済性計算とキャッシュ・フロー ― 222
- 12.2　貨幣の時間価値 ― 223
- 12.3　現在価値法と内部利益率法 ― 227
- 12.4　税引後キャッシュ・フローの測定 ― 231
- 12.5　資本コストの計算 ― 232
  - ●練習問題　233

参考文献 ― 234
練習問題略解 ― 236
付　表 ― 247
索　引 ― 249

第 1 章

原価計算の基礎

　原価という言葉には，どのような意味があるのでしょうか。
　広辞苑によると，「げんか【原価】①商品の製造・販売・配給など経済的行為をなすために消費する財貨及び労働価値を商品単位当りに計算した価。②生産費。③仕入値段。もとね。卸値段」とあります。
　原価計算における原価は，この①に近い意味をもっています。つまり，販売するための商品を製造するときや，サービスを提供するとき，またマーケティング活動を行うときなどに原価が発生するのです。経済活動があれば，製造業をはじめ，運輸業，保険会社，病院など，あらゆる業種から原価が生じます。
　そこで，本章では原価計算をよりよく理解するために，原価についての基礎知識を，しっかりと把握することからはじめましょう。

○ KEY WORDS ○

原価の本質，個別原価計算，総合原価計算，
材料費，労務費，経費，非原価項目，実際原価，
標準原価，直接費，製造間接費，変動費，固定費，
総原価，費目別計算，原価部門別計算，製品別計算

1.1　原価計算の主な3つの役割

　製品を製造している製造業では，製造した製品を販売するとき，最もふさわしい売価を決定することは，とても重要な課題です。その際，正確な売価決定を行うために必要な資料の一つは，製品をいくらで製造したのかという原価の情報です。原価情報を活用するために，製造した製品ごとに原価を集計し，単位当たり（1個当たり）の金額を計算することを原価計算（cost accounting）といいます。

　原価計算は，製品の原価を計算するだけではありません。サービスを提供する会社，たとえば運送上のサービスを提供する運輸会社，生命保険・火災保険などのサービスを提供する保険会社，医療のサービスを提供する病院などでも使用されます。このように原価計算は，あらゆる業種に活用されているのです。

　ところで原価計算は，経営管理のためのツールであるともいわれていますが，経営管理のどのような側面に役立つのでしょうか。次に，原価計算の3つの代表的な役割について説明しましょう。

◯ 財務諸表を正確に作成するのに役立つ

　原価計算によって算出された原価資料は，貸借対照表や損益計算書などの財務諸表作成に大きく貢献します。製造業では普通，貸借対照表の流動資産の中に原材料，仕掛品，製品などの有高が見られますが，これらの製造上から発生した項目の金額には，原価計算の原価資料が使われています。また損益計算書では，売上原価の決定が大きな比重を占めています。売上原価とは販売した製品・サービスの原価のことを意味しますが，その算出にも原価資料が有効に使われています。つまり，製造した製品の製造原価を正確に計算

することによって，売上原価の正確性を保証しているのです。

◆仕掛品とは，原材料がまだ製造工程の途中にあり，加工中である未完成品のことをいいます。完成品を100％としたとき，加工の進捗程度を％で表します。

◯ 原価引き下げに役立つ

原価資料はまた，どの原価をどの程度引き下げればよいかの指針を提供します。そのためには，前もって標準となる原価（標準原価）を決めておき，実際に発生した原価数値と比較することを通して，どのくらい原価を下げるかなどの目標を決めたりします。また，作業能率の測定や増進措置に役立てることもできます。

◯ 経営意思決定や利益計画に役立つ

経営上の意思決定や利益計画を作成する場面はたくさんありますが，原価資料を上手に組み合わせて，有利な決定をすることができます。たとえば，駅前の一等地で，店の半分を婦人服売り場に，半分を呉服売り場にしている経営者がいたとします。その経営者が，ある有名な紳士服メーカーから，その会社の商品を専門に展示販売するため，どちらかの売り場を7年契約で賃借りしたいと打診を受けたとします。このようなとき，どちらが有利なのかの意思決定に，原価資料が利用できるのはいうまでもありません。

1.2　生産形態と原価計算

私たちを取り巻く社会には，さまざまな業種や規模の製造業やサービス業が存在します。そこで，それらの業種別・規模別に適用する原価計算が必要

表 1.1　2 つの生産形態

生産形態	企業の例	使われる原価計算
個別受注生産形態	機械製造業，家具製造業，造船業など	個別原価計算
見込大量生産形態	食品製造業，衣料品製造業，建築資材製造業など	総合原価計算

なのですが，一般に初めて原価計算を学ぶときには，製造業を対象にして原価計算を学びます。そしてさらに，原価計算の立場からは，製造業を大きく2つの生産形態に分類します。一つは個別受注生産形態の企業に，もう一つは見込大量生産形態の企業に分類するのです（表 1.1）。

◯ 個別受注生産形態の企業

注文主から個別に注文を受けて，その注文品（製品）を製造する企業を個別受注生産形態の企業といいます。この種の企業には，機械製造業，家具製造業さらに造船業などがあります。そこでは受注品の個々別々の製造原価を計算しますから，個別原価計算という原価計算の種類が，主に使われます。

◯ 見込大量生産形態の企業

コンビニには，たくさんの食品や飲み物が並んでいますが，これらは注文主から注文を受けて作った品物ではなく，需要を見込んで作った商品です。このように需要を見込んで大量に製品を作り，市場へ流通させる企業を見込大量生産形態の企業といいます。この種の企業には，食品製造業，衣料品製造業，セメント等建築資材製造業など多数あります。見込大量生産形態の企

業では，1カ月という期間に量産した製品の総合原価を計算するので，総合原価計算という原価計算の種類が，主に使われます。

○ 原価計算は製品の単位当たり原価（製品単価）を計算する

　原価計算は，製品の製造原価を総額で把握するだけでよいのでしょうか。実はそれだけでは少々困ることがおきるのです。

　たとえば，ある製品を2,000個生産し，製造原価が1,200,000円であるとしましょう。そのうち1,600個が販売されました。1,600個販売による利益は，売上高から売上原価をマイナスすれば求められます。ところでこの売上原価はいくらなのでしょうか。もちろん売上原価は，製造原価の総額1,200,000円ではありません。売上原価を求めるには，製造原価を生産数量で割って，まず1個当たりの製品原価（単価）を計算してから，その単価に販売数量を掛ければよいのです。

　　　1,200,000円÷2,000個＝600円（製品単価）
　　　600円×1,600個＝960,000円（売上原価）

　この製品単価600円は，売上原価の計算に必要なものですが，売上原価を求める前の段階，つまり，製品原価が決定した段階で，計算しておく方が何かと便利なのです。

　このような理由で，製品の製造原価を総額で把握したら，次に製品1個当たりの製品原価（製品単価）まで求めるのが原価計算なのです。原価計算は，パソコン1台の製品原価，携帯電話1台の製品原価はいくらなのかまで計算するのです。

> 設例1：電卓を2,000個製造し，製造原価総額　1,200,000円のとき，①製品単価はいくらになるか計算しなさい。②電卓1,600個を1個4,000円で販売したときの利益はいくらになるか計算しなさい。

[解　答]
① 1,200,000 円÷2,000 個=600 円
② 4,000 円×1,600 個－600 円×1,600 個=5,440,000 円
　　　└──売上高──┘└──売上原価──┘

○ 原価計算の計算期間

　原価計算は，1カ月きざみで集計計算をします。財務会計の会計期間は，1年や6カ月きざみで締切や決算を行いますが，原価計算では普通1カ月を計算期間としています。この1カ月を，原価計算期間と呼んでおり，1カ月間に消費された原価を集計し，それを同じ期間の生産数量で割って，製品の単位当たり原価を計算します。したがって，財務会計では年次計算を求めますが，原価計算は月次計算となります。原価計算期間は，普通カレンダーの1カ月に合わせますが，それは，原価計算が財務会計と有機的に結びつくようにするためであり，また，取引の決済も慣習上月末になされることが多いなどの理由によります。

○ 原価を発生させるものと原価の内容

　ある製品を製造するときには，何が必要でしょうか。まず，製品の基となる原材料が必要ですし，それを加工するために労働力，工場建物，機械，工具，電力，照明なども必要でしょう。ある機械工場で旋盤を使い部品を製造するには，金属材料である原材料を使い，指定された形状の部品に加工するために，労働力，さまざまな機械，工具，電力などが使われます。このように，製品（部品）を製造するために消費したさまざまなものから，原価が発生するのです。

　金属材料のように製品の基となる原材料（素材）の消費から，材料費という原価が生まれ，労働力の消費から労務費という原価が生まれ，その他の機械・工具・電力の消費から経費という原価が発生します。製品の製造原価に

は，このように目に見える材料費の他に，形となって残らない労務費や経費が含まれています。

> ① 材料費 ➡ 物品の消費によって生ずる原価
> ② 労務費 ➡ 労働力の消費によって生ずる原価
> ③ 経　費 ➡ 材料費，労務費以外の原価

さらに，製品製造原価に販売や本社活動のために消費した販売費・一般管理費を加えることがあります。そのような広い意味の原価を総原価といいますが，2つの関係をまとめると次のようになります。

> 材料費＋労務費＋経費＝ 製品製造原価
> 材料費＋労務費＋経費＋販売費・一般管理費＝ 総原価

一方，製品の製造や経営目的に直接関係のない費用（たとえば，火災による損害の費用，支払利息，役員賞与など）は，原価の発生とせず非原価項目とします。

1.3　原価計算基準と原価計算の目的

○ 原価計算基準

日本の原価計算基準（以下「基準」）は，昭和37年（1962年）11月8日大蔵省企業会計審議会において設定されました。それは，企業の実務を通じて成立し，発展した原価計算の慣行から，一般に公正妥当と認められるとこ

ろを要約したものです。法的拘束力はありませんが，原価計算制度化のためにまとめられた実践上の規範といえます。

ところで，原価計算制度とは，複式簿記の機構を通じて財務会計と有機的に結び付き，常時継続的に行われる原価計算のことです。したがって，「基準」でいう原価計算制度には，原価の統計的，技術的計算ないしは調査測定などの，臨時的意思決定として行われる特殊原価調査を含んでおらず，両者を明確に区別しています。

原価計算の目的

原価計算基準は，原価計算の目的を5つの主たる目的に分けています（「基準」第1章一）。その要約を示すと，次のとおりです。

> ① 財務諸表に表示する真実の原価を集計するため（財務諸表作成目的）
> ② 価格計算に必要な原価資料を提供するため（価格計算目的）
> ③ 原価管理に必要な原価資料を提供するため（原価管理目的）
> ④ 予算編成，予算統制に必要な原価資料を提供するため（予算管理目的）
> ⑤ 基本計画の設定に必要な原価情報を提供するため（基本計画目的）

原価計算の目的は，時代の要求とともに変化するものであり，今日の重要な目的は，①，③，⑤といわれています。

①の財務諸表作成目的とは「基準」によると，企業の出資者，債権者，経営者等に対して，過去の一定期間における損益ならびに期末における財政状態を財務諸表に表示するために，真実の原価を集計することです。

③の原価管理目的とは「基準」によると，経営管理者の各階層に対して，原価管理に必要な原価資料を提供することです。ここで原価管理というのは，原価引下げ（原価低減）のためのあらゆる管理活動のことです。そのための原価資料の提供は，競争社会には大変重要な情報となるのです。

⑤の**基本計画目的**とは，経営の基本計画を設定するに当たり，必要な原価情報を提供することです。ここで**基本計画**というのは，経営が目的とする製品製造や経営サービス，また経営立地や生産設備等の経営構造に関する基本的事項について，意思決定をしたり，経営構造を合理的に組み立てたりすることをいい，必要なときに行う決定です。

◯ 原価計算・工業簿記・財務会計の関係

原価計算は，工業簿記の複式簿記機構と結び付けて行う場合（制度としての原価計算）と，複式簿記機構とは全く離れた独立したものとしての計算を行う場合（特殊原価調査）があります。原価計算を工業簿記と結び付けると，自己検証機能が働き，計算の信頼性が高くなるという利点が生じるので，両者は密接な関係をもつことになります。それは，原価計算の方針が，工業簿記の形式を決定するということにもなります。

また，原価計算を実施して原価の流れを正確に把握することによって，真実の原価を計算できるので，公開財務諸表の作成に必要な棚卸資産原価や売上原価を，財務会計に提供することができます。このように原価計算は，始点と終点で財務会計と接続することができるのです。

> ◆工業簿記とは，製造業の経営活動を，複式簿記によって記録・計算し，その経営成績と財政状態を損益計算書や貸借対照表などの財務諸表へ表示することを目的とする簿記です。

原価計算上の，主な工業簿記勘定体系を示すと，図1.1のようになります。

1 原価計算の基礎

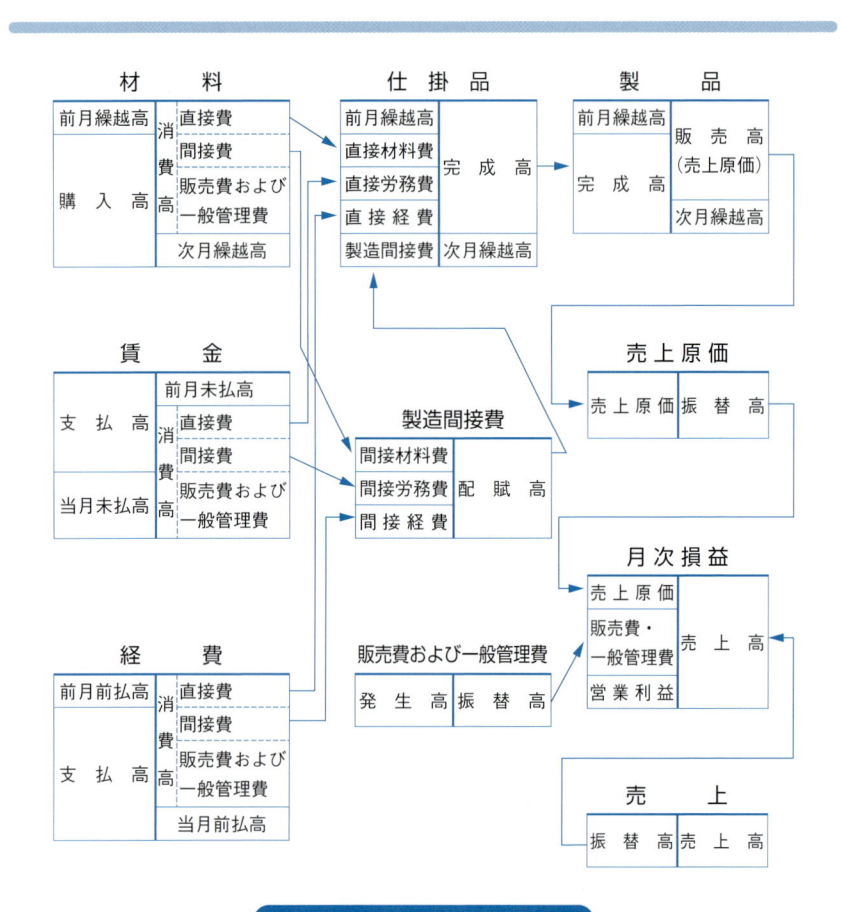

材 料		
前月繰越高	消費高	直接費
		間接費
購入高		販売費および一般管理費
		次月繰越高

仕 掛 品	
前月繰越高	完成高
直接材料費	
直接労務費	
直接経費	
製造間接費	次月繰越高

製 品	
前月繰越高	販売高（売上原価）
完成高	
	次月繰越高

賃 金		
支払高		前月未払高
	消費高	直接費
		間接費
当月未払高		販売費および一般管理費

製造間接費	
間接材料費	配賦高
間接労務費	
間接経費	

売上原価	
売上原価	振替高

経 費		
前月前払高	消費高	直接費
		間接費
支払高		販売費および一般管理費
		当月前払高

販売費および一般管理費	
発生高	振替高

月次損益	
売上原価	売上高
販売費・一般管理費	
営業利益	

売 上	
振替高	売上高

図1.1　主な工業簿記勘定体系

1.4　原価の基本的性質

○ 支出・費用・原価について

　原価計算では，原価の概念を正確に理解することが大切ですが，そのためにまず，支出・費用概念との基本的相違点について説明しましょう（表1.2）。

(1) 支　出

　支出（expenditure）とは，企業が支払った額を貨幣額で測定したものです。支出に対応する用語は収入です。

(2) 費　用

　費用（expense）とは，消費額が企業の経営目的に関連して発生したものであろうとなかろうと，これを一会計期間に結び付けて把握するものです。費用は，その後の経営活動にはもはや貢献しない消費額として捉えられます。費用に対応する用語は収益です。

(3) 原　価

　原価（cost）については後で詳しく説明するので，ここでは支出・費用の

表1.2　支出・費用・原価

	内　容	期　間	対概念
支　出	企業が支払った額	一会計期間 （1年/6カ月など）	収　入
費　用	その後の経営活動にもはや貢献しない消費額	一会計期間 （1年/6カ月など）	収　益
原　価	財貨・サービスの経営目的に関連した消費額	便宜的 （1カ月きざみ）	給　付

概念との相違に着目して説明します。原価は，製品やサービスについての対象物計算で用いられ，会計期間は便宜的に使われます。しかも，経営目的に関連した消費額だけが原価となり，支出したか否かには直接関係しません。原価に対応する用語は給付です。給付とは，製品や仕掛品などの生産物と経営サービスを意味します。

何が原価の大きさを決めるのか

原価の大きさは，価格的大きさ×数量的大きさによって決定されます。たとえば，材料費は，材料の単価(価格的大きさ)×消費数量（数量的大きさ）で計算し，労務費は，1時間当たり賃金（賃率）×作業時間で計算します。

> 材料費＝材料の単価×材料消費数量
> 　　　　（材料消費価格）
>
> 労務費＝賃率（労務費率）×作業時間

設例2：1個6,000円の材料を，50個消費したときの材料費を計算しなさい。

[解　答]
　材料費＝6,000円×50個＝300,000円

設例3：1時間900円を支払う契約の従業員が，30時間働いたときの労務費を計算しなさい。

[解　答]
　労務費＝900円×30時間＝27,000円

> 設例4:設例2と設例3が同一部門から発生し，その結果製品60個を製造したときの，製品の製造原価と単位当たり原価を計算しなさい。

[解 答]

製品製造原価＝300,000円＋27,000円＝327,000円

単位当たり原価＝327,000円÷60個＝5,450円

原価の本質

「基準」第1章三によると，原価とは，経営における一定の給付にかかわらせて，把握された財貨または用役（サービス）の消費を，貨幣価値的に表したものとなります。そこで原価の本質は，次の4つの要素に分けることができるといわれます。

> ① 経済価値のある財貨または用役の消費。
> ② 経営における一定の給付に転嫁できるもの。
> ③ 経営目的に関連したもの。
> ④ 金額や原因が正常的なもの。

これら4つの要素を，すべてクリアーしているものが原価となります。この要件に欠けているものについては原価に算入しないで非原価項目とします。

◆原価の正常性の判断は難しいが，一般的には，金額の側面と原因の側面に分けられます。長期平均的に発生する金額と原因による原価を正常とし，それ以外の原価を異常とします。

◯ 非原価項目

「基準」が定める原価の本質は上記のとおりですが，その一方で，原価に算入しない項目つまり非原価項目を下記のように列挙しています（「基準」第1章五）。次にその一部分を，修正を含んで紹介しましょう。

(1) 経営目的に関連しない価値の減少，たとえば
 1．次の資産に関する減価償却費，管理費，租税等の費用
  ① 投資資産たる不動産，有価証券，貸付金等
  ② 未稼動の固定資産
 2．寄付金等であって経営目的に関連しない支出
 3．支払利息，手形売却損，社債発行差金償却，社債発行費償却等の財務費用
 4．有価証券の評価損および売却損

(2) 異常な状態を原因とする価値の減少，たとえば
 1．異常な仕損，減損，棚卸減耗等
 2．火災，震災，風水害，盗難，争議等の偶発的事故による損失
 3．予期し得ない陳腐化等によって固定資産に著しい減価を生じた場合の臨時償却費

(3) 税法上特に認められている損金算入項目，たとえば
 1．価格変動準備金繰入額
 2．租税特別措置法による償却額のうち通常の償却範囲額を超える額

(4) その他の利益剰余金に課する項目，たとえば
 1．法人税，所得税，都道府県民税，市町村民税
 2．配当金
 3．役員賞与金
 4．任意積立金繰入額
 5．建設利息償却

1.5 原価の種類と意義

原価は、その本質規定と計算目的によって、また、集計目的によって、次のようなさまざまな種類に分けられます。

○ 本質・計算目的別分類

1. 実際原価・予定原価・標準原価

(1) 実際原価

実際原価（actual costs）とは、普通、製造が終わった時点で材料費，労務費，経費などを計算する原価であり、歴史的原価とか事後原価ともいわれます。実際原価は、実際消費価格に実際消費数量を乗じて計算します。

$$実際消費価格 \times 実際消費数量 = 実際原価$$

ところが、価格は購入の際、外部の要因などの偶然性に左右されやすいので、それを排除するために、また、原価計算を迅速に行うために、価格に予定消費価格を使用することが認められています。そこで、予定消費価格に実際消費数量を乗じて計算した原価も、実際原価とします。このことは、実際原価が、価格は実際価格でも予定価格でもよく、財貨の消費量を実際消費数量で計算した原価であることを意味しています（図1.2）。

$$予定消費価格 \times 実際消費数量 = 実際原価$$

```
                ┌─ 製造開始      ┌─ 予定原価    ┌─ 計算の方法 ─┬─ 見積原価
                │  前か後か      └─ 実際原価                  └─ 標準原価
                │
       原      ┌─ 収益との      ┌─ 製品原価
       価  ────┤  対応関係      │
                │                └─ 期間原価
                │
                └─ 集計され      ┌─ 全部原価
                   る範囲        │
                                 └─ 部分原価
```

図1.2　原価の分類：本質・計算目的別

(2) 予定原価

予定原価（predetermined costs）とは，製造を開始する前に計算され，確定した原価で，事前原価ともいわれます。予定原価は，予定消費価格に予定消費数量を乗じて計算し，実際原価と比較することによって，作業の非能率や浪費などの原因を分析することができます。予定原価はさらに，科学的・統計的方法によって原価が決定されるか否かによって，標準原価と見積原価に分けられます。見積原価は，過去の実際原価に体験的見積や勘などを考慮して消費数量を計算したものであり，次の標準原価と比較すると，やや曖昧な原価となります。

(3) 標準原価

標準原価（standard costs）とは，財貨の消費数量を科学的，統計的調査に基づいて能率の尺度となるように予定し，予定価格または正常価格を乗じて計算した原価です。

> 予定価格(または正常価格)×標準消費数量＝ 標準原価

　標準原価の標準消費数量は，過去の経験や勘によって決めたものでなく，動作研究やORなどの手法を使って決定します。

　◆動作研究とは，個々の作業者の作業内容を，詳細に分析して，それぞれの活動が，どのような作業動作から構成されるのか，という作業効率を測定することです。
　◆OR（オペレーションズ・リサーチ，operations research）とは，ある行動をモデル化し，ゲーム理論や線形計画法などによって，最適解を求めるものです。研究開発や在庫管理活動，生産や販売活動に多く適用されています。

2．製品原価・期間原価

　原価は財務諸表上，収益との対応関係によって，製品原価と期間原価に分けられます。

　製品原価とは，材料費，労務費，経費のように，製品へ合理的に集計できる原価です。製品原価は，製品1単位当たりの製造原価を計算しますから，販売した製品の製造原価を売上原価として，売上高つまり収益に対して明らかにすることができます。それに対して期間原価とは，販売費，一般管理費のように，製品の生成について結合性が弱く，やむを得ず当期の収益から回収する原価です。たとえば広告費や試験研究費などは，製品との直接的な結び付きを見出すことは困難なので，当期の収益に期間的に対応させて，期間原価とします。

3．全部原価・部分原価

　原価は，製品に集計される原価の範囲によって全部原価と部分原価に分けられます。

　全部原価とは，製品や仕掛品などの財に集計されるすべての製造原価です。

また，製造原価に販売費・一般管理費を加えた総原価を全部原価ということもあります。それに対して部分原価とは，全部原価の一部分を集計した原価です。部分原価は，利益計画や価格政策のような特定の目的に使われ，後述する直接原価計算の直接原価または変動原価が代表的なものです。

○ 集計目的別分類

1．形態別分類

原価の形態別分類とは，原価発生の形態，すなわち何を消費することによって原価が発生するのかによる分類であり，材料費，労務費，経費の3つに分けます。原価計算が財務会計とりわけ複式簿記機構と結び付くためには，この形態別分類が必要になります。

2．機能別分類

原価の機能別分類とは，原価が経営のいかなる機能のために発生したかによる分類です。この分類基準によれば，たとえば材料費は，主要材料費，および修繕材料費，試験研究材料費等の補助材料費，ならびに工場消耗品費等に分類します。賃金は，作業種類別直接賃金，間接作業賃金，手待賃金等に分類し，経費は，各部門の機能別経費に分類します。

3．製品との関連における分類

製品との関連における原価の分類とは，製品に対する原価発生の態様，すなわち原価の発生が，一定単位の製品の生成に関して，直接的に認識できるか否かによる分類です。この分類は，原価をその性質によって，直接費と間接費に分けます。

直接費とは，その発生額が製品に直接認識（特定）され，しかも重要な実体をなす原価です。間接費とは，その発生額を製品に直接認識（特定）できない原価であり，製品の重要な実体とならないものや，発生額が少額なもの

も含まれます。この直接費・間接費の分類は，形態別分類と組み合わせて用いることが多く，直接材料費・直接労務費・直接経費などや，間接材料費・間接労務費・間接経費などとして使われます。前者の3つを総称して製造直接費といい，後者の3つを総称して製造間接費といいます。また，直接材料費以外の製造原価は，もっぱら加工上から発生する原価なので，直接労務費や製造間接費などの原価を，総称して加工費といいます。

◆直接費を製品に集計する手続きを賦課または直課といいます。また，間接費をある基準に基づいて製品に集計する手続きを配賦といいます。

4．操業度との関連における分類

操業度とは，経営の生産能力を一定とした場合の，生産能力の利用度をいいます。経営の生産能力には，人的組織も含まれますが，普通は建物，機械，装置などを指します。それらの生産能力が最大に利用されるとき，操業度は100％となりますが，普段は70％から80％位の操業度が多いといわれています。また操業度は，機械運転時間数，直接作業時間数，生産数量，売上高などで表現されます。

さて，経営の活動量または製造工程の操業度が変化したときに，原価がどのような態様を示すのか，つまり操業度との関連によって，原価は変動費と固定費に分類されます。変動費とは，経営の活動量または製造工程の操業度の変化に応じて，総額で比例的に増減変化する原価で，操業度がゼロの場合には発生しません。例としては直接材料費，直接労務費，包装費などがあります。固定費とは，経営の活動量または製造工程の操業度が変化しても，総額では変化しない原価で，減価償却費，火災保険料，固定資産税などがあります。

原価を変動費と固定費に分類することは，直接原価計算や損益分岐点分析に欠かせませんが，とはいえ原価を変動費と固定費に分けることは，必ずしも容易ではありません。よく似ていますが，変動費にも固定費にも該当しない準変動費，準固定費などがあるからです。準変動費とは，操業度がゼロの

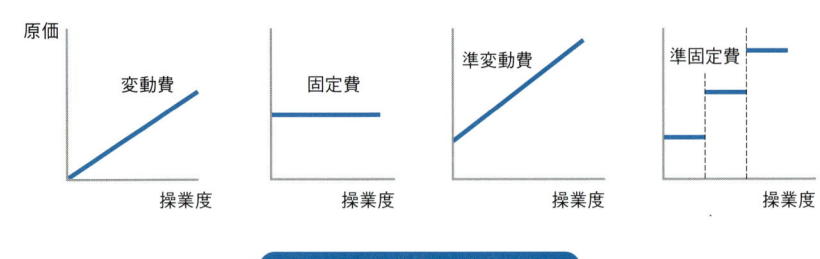

図1.3 操業度と原価の関係

場合にも一定額発生し，操業度の増加に応じて比例的に増加する金額がそれに加えられる原価です。例としては，電力料や電話代などがあります。**準固定費**とは，ある範囲内の操業度では変化しない（固定的である）が，その範囲を超えると飛躍的に増加し，再びある範囲内の操業度で固定化する原価です。例としては，監督者給料や照明費などがあります（図1.3）。

5．原価の管理可能性に基づく分類

原価の管理可能性に基づく分類によると，一定期間内に，特定の管理者層が影響を与えることのできる原価を**管理可能費**といい，与えることのできない原価を**管理不能費**といいます。この2つの分類は，発生する原価の責任区分を明らかにし，各管理者層に原価意識を高めることなどを目的とする**責任会計**にとって重要になります（表1.3）。

6．原価の一般的構成について

これまでに説明した原価についてのいくつかの分類を使って，販売価格を決定するまでの原価の関係を図で示すと，一般的に右の図1.4のような構成としてまとめることができます。

表 1.3　原価集計のための分類

分類	例
1．形態別分類	材料費/労務費/経費
2．機能別分類	材料費→主要材料費/補助材料費/工場消耗品費
3．製品との関連による分類	直接費/間接費
4．操業度との関連による分類	変動費（準変動費）/固定費（準固定費）
5．管理可能性による分類	管理可能費/管理不能費

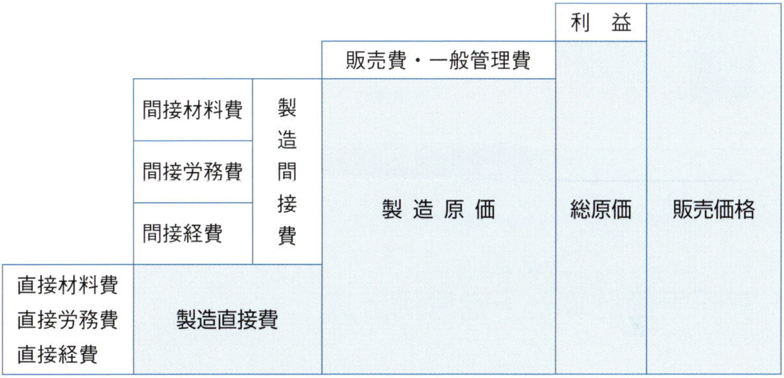

図 1.4　原価の一般的構成

1.6　原価計算の種類

　原価計算は，観点の相違によって，いくつかの種類に分けられます。ここでは，代表的な3つの分類について説明します（図 1.5）。

```
原価計算 ┬ 製造開始前か後か ┬ 予定原価計算 ┬ 見積原価計算
        │                  │              ├ 標準原価計算
        │                  └ 実際原価計算  └ 差額原価収益分析
        │
        ├ 製品の特性 ┬ 個別原価計算（特定製造指図書）┬ 単純個別原価計算
        │            │                              └ 部門別個別原価計算
        │            └ 総合原価計算（継続製造指図書）┬ 単純総合原価計算
        │                                            ├ 等級別総合原価計算
        │                                            ├ 組別総合原価計算
        │                                            └ 連産品原価計算
        │
        └ 集計される範囲 ┬ 全部原価計算
                          └ 部分原価計算 ── 直接原価計算
```

図 1.5　原価計算の種類

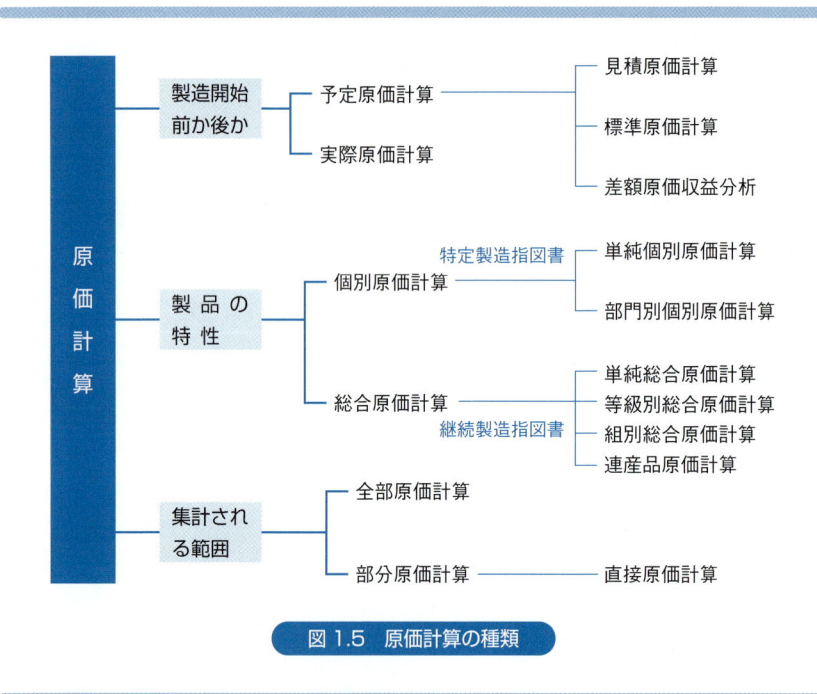

○ 実際原価計算と予定原価計算

　実際原価計算は，実際の製造活動の結果生じる経済価値の消費を，取得原価などの実際原価に基づいて計算する方法であり，費目別計算，原価部門別計算，製品別計算（個別原価計算や総合原価計算）などの実際原価の発生額が含まれます。

　予定原価計算は，製造活動によって消費されるべき，または消費される見込みの経済価値を予定して行う計算方法であり，見積原価計算，標準原価計算，差額原価収益分析などが含まれます。

○ 個別原価計算と総合原価計算

　個別原価計算は，注文に基づいて，種類や規格の異なる製品を製造する企業で多く使われます。計算上の特徴は，特定の製品の製造を指示する特定製造指図書（さしずしょ）を発行し，特定製造指図書の番号別に原価を集計し，それぞれの製品別に原価を区別して集計する点にあります。また，個別受注製品の製造をするので，原価を直接費と間接費に分類して計算し，製品が完成するまでは常に仕掛品なので，原則として月末仕掛品の計算は必要としません。個別原価計算は，製造間接費の集計方法の相違によって，単純個別原価計算と部門別個別原価計算とに分類されますが，詳しくは第2章と第3章で解説します。

　総合原価計算は，需要を見込み，大量にもしくは継続的に製品を製造する企業で多く使われます。計算上の特徴は，継続製造指図書を発行し，一原価計算期間に量産した製品の原価（総合原価）を集計し，それを同一原価計算期間の完成品数量で割り，製品の単位原価を求める点にあります。また，同じ種類の製品を大量に製造しているので，原価を必ずしも直接費と間接費に分けなくてもかまいません。ただし，完成品の原価を求めるためには，月末仕掛品原価の計算が必要となります。総合原価計算には，いくつかの種類（単純総合原価計算，等級別総合原価計算，組別総合原価計算，連産品原価計算など）がありますが，詳しくは第5章以降で解説します。

○ 全部原価計算と部分原価計算

　全部原価計算は，製造活動から発生するすべての原価を，製品原価として集計する計算方法です。すべての原価を製品原価とする方法は，一般的な製造上の考え方と一致するので，「基準」は，全部原価計算を支持しています。

　部分原価計算は，製造活動から発生する一部の原価を，製品原価として集計する計算方法です。ある目的をもって，必要な原価を一部だけ利用する代表的な計算法には，直接原価計算があります（詳しくは第9章で解説します）。

1.7　原価計算を実施するには

　原価計算を実施するためには，企業の製造活動の内容と，そこから発生する原価の流れを理解することが大切です。そのためには，製造活動が次のような3段階からなると便宜的に仮定することが，理解を容易にするでしょう。

○ 3段階の製造活動と原価の流れ

　企業の製造活動は，おおむね次の3段階の循環です。

> 第1段階：財貨・サービスを外部から購入し，保管する段階
> 第2段階：購入した財貨・サービスを，製造活動のために消費する段階
> 第3段階：完成品としての製品が出来上がり，顧客への出荷を待つために，工場から倉庫へ移動する段階

　製造活動の3つの段階と原価の流れの結合関係は，次のようになります（表1.4）。

> 第1段階の原価：材料や貯蔵品などの資産として記録されます。
> 第2段階の原価：材料や労働力などが工場で結合（直接材料費，直接労務費，製造間接費などが発生）し，貯蔵品は仕掛品（資産）へ形を変え，仕掛品原価として記録されます。
> 第3段階の原価：仕掛品であった未完成品が，製品（資産）という完成品になるので，仕掛品原価は製品原価として記録されます。

　「基準」では，上記の3段階をおおよそ踏まえて，製造活動の第2段階からの消費額を，原価計算手続のスタートとして集計し，部門別計算をはさん

表1.4 製造活動と原価の流れ

	第1段階	第2段階	第3段階
製造活動	財貨・サービスの購買・保管	財貨・サービスの消費	製品完成・出荷待ち
原価の流れ	材料・貯蔵品	直接材料費 直接労務費 製造間接費 仕掛品原価	製品原価

で，全体を3つの計算手続に分けて，順序よく追跡計算することになっています。

原価計算の手続

「基準」によると，原価を分類測定し計算するための手続は，原則として次の順序で行います。

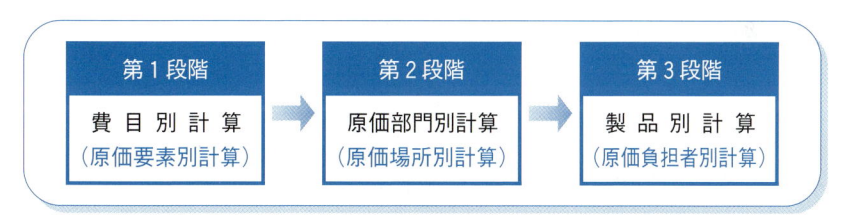

```
第1段階              第2段階              第3段階
費目別計算     →    原価部門別計算    →    製品別計算
(原価要素別計算)     (原価場所別計算)        (原価負担者別計算)
```

1．費目別計算の段階（「基準第2章九，一〇」）

原価の費目別計算とは，一定期間における原価を，費目別に分類測定する手続をいいます。費目別計算の段階では，原価を原則として形態別分類により区分し，さらに直接費と間接費に大別し，また必要に応じて機能別分類を加味して分類します。

直 接 費	間 接 費
直接材料費 直接労務費 直接経費	間接材料費 間接労務費 間接経費

　費目別計算の段階は，原価集計のスタートであり，財務会計の費用計算とも関連しています（詳しくは次章で解説します）。

2．原価部門別計算の段階（「基準第2章一五，一六」）

　原価の部門別計算とは，費目別計算において把握した原価を，原価発生の場所である原価部門別に分類集計する手続をいいます（詳しくは第3章で解説します）。

　原価部門とは，原価の発生を機能別，責任区分別に管理するとともに，製品原価の計算を正確にするために，原価を分類集計する計算組織上の区分をいい，製造部門と補助部門に分けられます。原価部門は，企業が実際に設けている職制上の区分に一致させると，原価管理や原価集計に便利といわれます。なお，部門別計算は，計算の簡便化のために省略されることもあります。

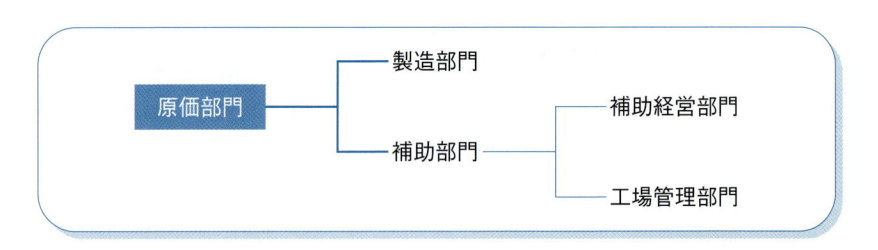

```
原価部門 ─┬─ 製造部門
          └─ 補助部門 ─┬─ 補助経営部門
                        └─ 工場管理部門
```

3．製品別計算の段階（「基準第2章一九，二〇」）

　原価の製品別計算とは，原価を一定の製品単位に集計し，製品の単位当たり製造原価を算定する手続をいいます。製品別計算は，原価計算の最終段階であり，第2段階で部門別計算をしていると，それを部門（場所）から製

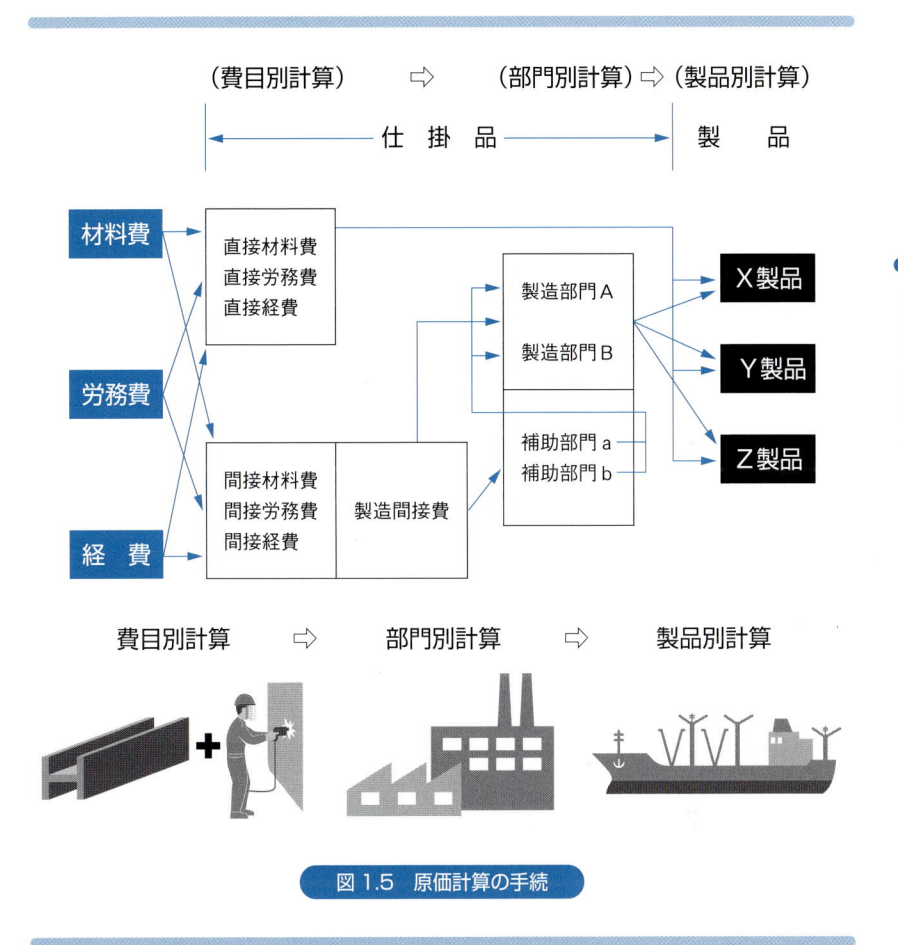

(費目別計算) ⇨ (部門別計算) ⇨ (製品別計算)

◀──────仕 掛 品──────▶ 製　品

図1.5　原価計算の手続

品別に集計し直すことを意味します（図1.5）。
　製品別計算は，生産形態の相違によって，次のような種類に分けられます。

① 個別原価計算
② 単純総合原価計算
③ 等級別総合原価計算
④ 組別総合原価計算

1.8 原価計算の一般的基準

　原価計算制度のもとでは（つまり特殊原価調査を除いては），次のような一般的な基準によって，原価を計算します。（以下の記述は，これまでの説明に関係するところを，「基準」第1章六から一部分抜粋したものです。その他の詳しい内容は，後の章で学ぶことになります）。

◯ 財務諸表の作成に役立つための原価計算

　(1) 原価計算は原則として，すべての製造原価要素を製品に集計します。それによって，損益計算書上は売上品の製造原価（売上原価）を売上高に対応させ，貸借対照表上は仕掛品，半製品，製品等の製造原価を，棚卸資産として計上することを可能にします。
　(2) また，販売費および一般管理費は，損益計算書上期間原価として，当該期間の売上高に対応させます。
　(3) 原価計算は原則として，実際原価を計算します。この場合，予定価格等をもって計算することもできます。
　(4) 原価計算は，財務会計機構と有機的に結合して行われるためには，勘定組織に原価に関する細分記録を統括する諸勘定を設けます。

○ 原価管理に役立つための原価計算

(1) 原価計算は，原価要素を，機能別に，また直接費と間接費，固定費と変動費，管理可能費と管理不能費の区分に基づいて分類し，計算します。

(2) 原価計算は，作業区分等に基づく部門を管理責任の区分とし，各部門における作業の原価を計算し，各管理区分における原価発生の責任を明らかにします。

(3) 原価計算は，すべての計算過程を通じて，原価の物量を測定表示することに重点を置きます。

1.9　本書の構成について

　本書では，第1章から第9章までを，製品原価計算に関する領域としてまとめました。

　第1章から第7章までは，原価計算の基礎と実際原価計算のさまざまな概念や計算法を取り上げています。特に，第2章の実際原価計算では，費目別計算に重点をおき，単純個別原価計算までの説明を加えています。第3章以降は，部門別個別原価計算，総合原価計算，さらに第8章は，予定原価の概念を応用した標準原価計算，第9章は部分原価の概念を応用した直接原価計算を取り上げています。

　一方，第10章から第12章までを，会計情報等を利用した意思決定などに関する領域としました。したがって第10章以降は，短期利益計画，差額原価収益分析，設備投資の経済性計算など，管理会計の分野に少しだけ踏み込んだ内容としています。

　このように本書では，第9章までは「基準」の原価計算制度を説明し，第10章以降は，特殊原価調査の内容を説明しています。

練 習 問 題

1.1 次の文章の（ ）内に適切な用語を記入しなさい。

(1) 原価計算により算出される原価資料は，貸借対照表や損益計算書などの（ ① ）作成に役立ち，また，どの原価をどの程度（ ② ）よいかの指針を提供し，さらに，経営上の（ ③ ）や利益計画作成に役立ちます。

(2) 製品の基になる原材料の消費から（ ④ ）が発生し，労働力の消費から（ ⑤ ）が発生し，その他の機械・電力などの消費から（ ⑥ ）が発生します。

(3) 日本の原価計算基準は，企業の（ ⑦ ）を通じて成立し，発展した原価計算の（ ⑧ ）から，一般に（ ⑨ ）と認められるところを要約したものです。原価計算制度化のためにまとめられた（ ⑩ ）といえます。

(4) 原価とは，経営における一定の（ ⑪ ）にかかわらせて，把握された（ ⑫ ）または（ ⑬ ）の消費を，（ ⑭ ）に表したものです。

(5) 原価は，製品との関連において（ ⑮ ）と（ ⑯ ）に分類し，操業度との関連において（ ⑰ ）と（ ⑱ ）に分類されます。（ ⑰ ）と（ ⑱ ）によく似ていますが両者に該当しない電力料などの（ ⑲ ）費と監督者給料などの（ ⑳ ）費があります。

1.2 原価計算の役割について例をあげて説明しなさい。

1.3 原価計算は製造原価を総額で示すだけでよいですか，説明しなさい。

1.4 原価計算期間について説明しなさい。

1.5 製造業における原価計算の目的について説明しなさい。

1.6 原価計算の手続順序について説明しなさい。

1.7 S社の4月中の会計資料は次のようであった。それによって製品原価を，①製造原価で計算する場合と，②総原価で計算する場合とでは，どちらの営業利益がいかほど多いか計算しなさい。期首棚卸高はないものとする。

[資 料]

	生産数量	販売数量	製造原価	販売費	一般管理費	売上高
F製品	5,000個	4,000個	800,000円	10,000円	50,000円	1,200,000円
J製品	3,000個	2,800個	270,000円	30,000円	60,000円	600,000円

1.8 1台160,000円で販売可能なパソコンを，月間販売目標50台として製造を開始した．利益は販売価格の30%を上げ，販売費・一般管理費は月間500,000円としたとき，パソコン1台の製造原価はいくらまで認められるか計算しなさい．

第 2 章

実際原価計算

　前章で解説したように，実際原価計算とは，実際の製造活動の結果生じる経済価値の消費を取得原価などの実際原価に基づいて計算する方法ですが，本章ではこの実際原価計算を行うに当たっての第一段階の計算プロセス，「費目別計算」を中心に解説します。

　モノを造るのには，まず材料がいります。モノ造りに携わる人の手もかかるでしょう。さらに製造の過程では電気代なども必要です。これらのためにかかったお金は，それぞれ材料費，労務費，経費というように分けられます。

　またこれらの中には，ある製品一種類だけを造るのにかかったお金もあれば，複数の製品を造るのに共通してかかったお金もあります。前者が直接費，後者が間接費となります。

　費目別計算ではこうした費目を集計し，原価を計算する作業が行われます。

　なお本章では，まず費目別計算について説明し，次いで単純個別原価計算の内容を解説しています。部門別個別原価計算については次章で，また総合原価計算については第5章以降で詳しく説明していきます。

○ KEY WORDS ○

費目別計算，材料費，材料購入と消費，予定価格，
労務費，賃金支払と消費，予定賃率，経費，製造間接費，
配賦，配賦基準，配賦率，原価差異，差異分析，
単純個別原価計算，受注生産，製造指図書，原価計算表，
仕損，仕損費，作業屑

2.1 材料費の計算

費目別計算は，**原価計算の最初の手続**となります。ここではまず原価を発生形態の種類によって分類します（形態別分類）。具体的には，**材料費，労務費，経費**という3つの費目に分類します。

◯ 材料費の分類

材料費（material costs）とは，**物品の消費によって生ずる原価**をいいます。モノを造る場合，それに必要な材料を使うわけですが，その材料をいくら使ったかということになります。

材料費を機能別分類に基づいて分類しながら，製品との関連性によって直接費と間接費に分けると，以下のようになります。

(1) **直接材料費**

直接材料費とは材料費のうち，特定の製品へのかかわりあいが直接わかるものをいいます。

① **主要材料費（素材費，原料費）**：製品の核となる物品の消費にかかる原価

② **買入部品費**：外部から購入し，それがそのまま製品の一部を構成する物品の消費にかかる原価（タイヤ，自動車変速機など）

(2) **間接材料費**

間接材料費とは材料費のうち，すべての製品に共通して消費されるなど，特定の製品とのかかわりあいが直接ないものをいいます。

① **燃料費**：燃料として消費した物品にかかる原価（ガス，重油など）

② **工場消耗品費**：製品本体を形作るものではなく，補助的に製造に用いる物品の消費にかかる原価（薬品，手袋など）

図2.1 材料費計算の考え方

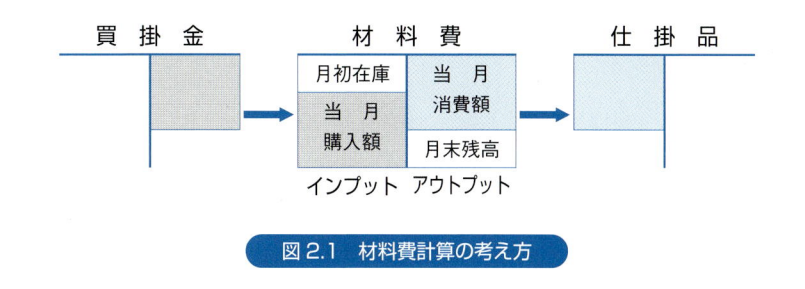

買掛金 → 材料費(月初在庫／当月購入額＝インプット｜当月消費額／月末残高＝アウトプット) → 仕掛品

③ 消耗工具器具備品費：耐用年数が1年未満または金額が一定未満の工具・器具・備品の原価（机，ヤスリなど）

○ 材料費計算の考え方

材料費の計算には購入額の計算と消費額の計算の2面があります。材料を購入して倉庫に保管（インプット）し，製造活動に応じて倉庫から材料を出庫（アウトプット）するイメージをもつとよいでしょう（図2.1）。

○ 材料購入額の計算

1．材料の購入と材料副費

材料の購入原価は，材料主費と材料副費に分けられます。通常は，実際の購入原価で計算しますが，予定価格を使って計算することもできます。実際の購入原価については以下のように計算します。

> 材料購入原価 ＝ 材料主費 ＋ 材料副費（外部材料副費・内部材料副費）

材料主費とは，材料の購入代価のことです。材料本体の金額ということになります。材料購入数量×材料購入価格（実際または予定）によって計算されます。

材料副費は，材料購入にかかわる諸費用で，外部材料副費と内部材料副費に細分されます。

(1) 外部材料副費

外部材料副費とは買入手数料・引取運賃・荷役費・保険料・関税等の会社外部で発生した材料の引き取りに要した費用のことをいいます。

(2) 内部材料副費

内部材料副費とは購入事務費・検収保管費等の会社内部で発生した費用のことをいいます。

なお，内部材料副費の材料購入原価への算入が困難な場合は，購入原価に加算せず間接経費とするか，または材料費に配賦することがあります。

材料副費は，その一部または全部を，予定配賦率を使って計算することができます。

$$材料副費予定配賦率 = \frac{一定期間の材料副費予定総額}{一定期間の材料予定購入代価}$$

たとえば材料予定購入代価8,000,000円，材料副費予定総額160,000円であると，予定配賦率は2%となります。

2．材料仕入帳への記入

材料を購入した場合には，そのつど仕訳帳に記入しないで，材料仕入帳に記入を行うのが一般的です。材料仕入帳は定期的(月末)に締め切って，合計仕訳により総勘定元帳への転記を行います（表2.1）。

表2.1 材料仕入帳のひな形

材料仕入帳

平成○年	仕 入 先	元丁	買 掛 金	諸 口	元丁	内　　　　訳		
						材　料	買入部品	工場消耗品
			90,500	3,500		25,500	61,000	7,500

設例1：次の資料にある一連の取引を材料仕入帳に記入しなさい。

[資 料]

6/1　A社から素材10kg (@1,300円) を掛けで購入した。

6/7　B社から材料10個 (@1,000円) を掛けで購入した。なお，引取費用2,000円は現金で支払った。なお購入原価は，材料購入のつど購入代価に内部材料副費予定配賦額として購入代価の5%を加算している。

6/15　C社から工場消耗品7,500円を掛けで購入した。

6/27　D社より買入部品12個 (@5,000円) を掛けで購入した。なお，引取費用1,000円は現金で支払った。

[解 答]

材料仕入帳

平成○年		仕 入 先	元丁	買 掛 金	諸 口	元丁	内　　　　訳		
							材　料	買入部品	工場消耗品
6	1	A社		13,000			13,000		
	7	B社		10,000	2,500		12,500		
	15	C社		7,500					7,500
	27	D社		60,000	1,000			61,000	

2.1 材料費の計算

◯ 材料消費額の計算

材料消費額の計算は，以下のように行います。

> 材料消費額 ＝材料消費数量×材料消費価格
> ＝実際消費数量×実際消費価格

1．材料消費数量の計算

材料消費数量の計算方法には，主として次の2つがあります。

(1) 継 続 記 録 法

継続記録法とは材料の種類ごとに，受け払いのつど数量を継続的に材料元帳に記録して消費数量を計算する方法です。比較的高額で重要な主要材料に適用することが多いとされています。期末の帳簿残高と実際有高との差額を棚卸減耗費として把握することができます。

(2) 棚 卸 計 算 法

棚卸計算法とは材料の種類ごとに期末に実地棚卸を行い，当期の消費量を計算する方法です（図2.2）。

期首棚卸数量	← 期間消費数量
当期受入数量	
	期末実地棚卸数量

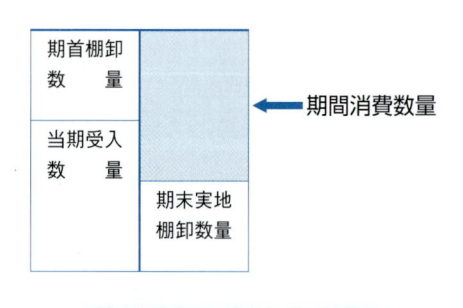

図2.2 期間消費数量の計算

> 期間消費数量 ＝（期首棚卸数量＋当期受入数量）－期末実地棚卸数量

2．材料消費価格の計算

材料元帳を用いて材料消費価格（単価）を算定していく方法には，主として次のようなものがあります。

(1) **先入先出法**：先に購入した材料から先に使っていき消費価格を計算する方法

| 100 | 120 | 110 | 100 | 110 |

3/1 ─────────────→ 3/31
3/1購入分から計算する

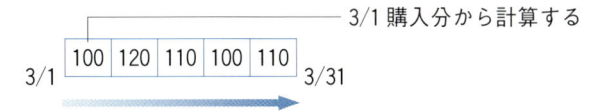

(2) **後入先出法**：後に購入した材料から先に使っていき消費価格を計算する方法

| 100 | 120 | 110 | 100 | 110 |

3/1 ←───────────── 3/31
最後の購入分から計算する

(3) **移動平均法**：材料を購入するたびに，平均の単価を計算し，消費価格を計算していく方法

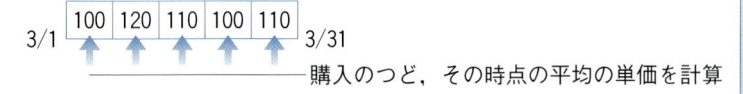

| 100 | 120 | 110 | 100 | 110 |

3/1 ↑ ↑ ↑ ↑ ↑ 3/31
購入のつど，その時点の平均の単価を計算

(4) **総平均法**：月末に当月の総平均単価を計算し，それを当月すべての材料の消費価格として計算する方法

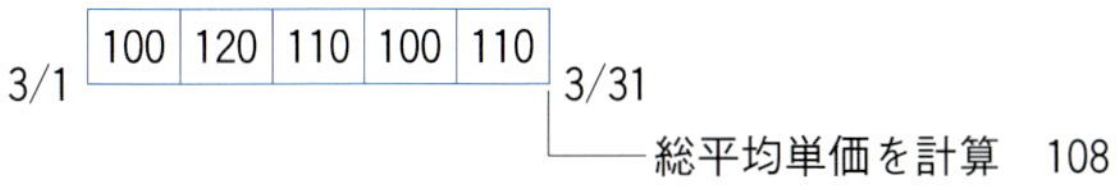

| 100 | 120 | 110 | 100 | 110 |

3/1 3/31
総平均単価を計算　108

◆後入先出法は 2011 年 3 月期決算から廃止されましたが，原価計算基準においては廃止されていないので，参考として説明しています。

> **設例2**：次の資料にある取引を①先入先出法，②後入先出法，③移動平均法，④総平均法によって，材料元帳に記入しなさい。

[資料]

【5月の取引】	4月からの繰越	@800 円で 10 個
	5/10	@1,100 円で 5 個購入
	5/15	5 個払出
	5/20	@1,200 円で 10 個購入
	5/25	12 個払出

[解　答]

① 先入先出法

材　料　元　帳

(単位：円)

×年		摘　要	受　入　高			払　出　高			残　高		
			数量	単価	金額	数量	単価	金額	数量	単価	金額
5	1	前月繰越	10	800	8,000				10	800	8,000
	10	購　入	5	1,100	5,500				10	800	8,000
									5	1,100	5,500
	15	消　費				5	800	4,000	5	800	4,000
									5	1,100	5,500
	20	購　入	10	1,200	12,000				5	800	4,000
									5	1,100	5,500
									10	1,200	12,000
	25	消　費				5	800	4,000			
						5	1,100	5,500			
						2	1,200	2,400	8	1,200	9,600
	31	次月繰越				8	1,200	9,600			
			25		25,500	25		25,500			
6	1	前月繰越	28	1,200	9,600				8	1,200	9,600

材料消費高　15,900 円
月末残高　　 9,600 円

② 後入先出法

材 料 元 帳　　　　　　　　　　　　（単位：円）

×年		摘要	受入高			払出高			残高		
			数量	単価	金額	数量	単価	金額	数量	単価	金額
5	1	前月繰越	10	800	8,000				10	800	8,000
	10	購入	5	1,100	5,500				{10	800	8,000
									5	1,100	5,500
	15	消費				5	1,100	5,500	10	800	8,000
	20	購入	10	1,200	12,000				{10	800	8,000
									10	1,200	12,000
	25	消費				{10	1,200	12,000	8	800	6,400
						2	800	1,600			
	31	次月繰越				8	800	6,400			
			25		25,500	25		25,500			
6	1	前月繰越	8	800	6,400				8	800	6,400

材料消費高　19,100 円
月末残高　　6,400 円

③ 移動平均法

材 料 元 帳　　　　　　　　　　　　（単位：円）

×年		摘要	受入高			払出高			残高		
			数量	単価	金額	数量	単価	金額	数量	単価	金額
5	1	前月繰越	10	800	8,000				10	800	8,000
	10	購入	5	1,100	5,500				15	900	13,500
	15	消費				5	900	4,500	10	900	9,000
	20	購入	10	1,200	12,000				20	1,050	21,000
	25	消費				12	1,050	12,600	8	1,050	8,400
	31	次月繰越				8	1,050	8,400			
			25		25,500	25		25,500			
6	1	前月繰越	8	1,050	8,400				8	1,050	8,400

材料消費高　17,100 円
月末残高　　8,400 円

2.1 材料費の計算

④ 総平均法

材料元帳 (単位：円)

×年		摘要	受入高			払出高			残高		
			数量	単価	金額	数量	単価	金額	数量	単価	金額
5	1	前月繰越	10	800	8,000				10	800	8,000
	10	購入	5	1,100	5,500						
	15	消費				5	1,020	5,100			
	20	購入	10	1,200	12,000						
	25	消費				12	1,020	12,240			
	31	次月繰越				8	1,020	8,160			
			25	1,020	25,500	25	1,020	25,500			
6	1	前月繰越	8	1,020	8,160				8	1,020	8,160

材料消費高　17,340 円
月末残高　　 8,160 円

3. 棚卸減耗費

継続記録法によって材料の消費数量を把握している場合，さまざまな理由で，帳簿の残高と実際の有高が合致しない場合があり，その理由の一つが棚卸減耗です。普通は，棚卸不足が生ずるので，この部分を棚卸減耗費といいます。棚卸減耗を正確につかみ，実際有高を把握しておく必要があります（図 2.3）。

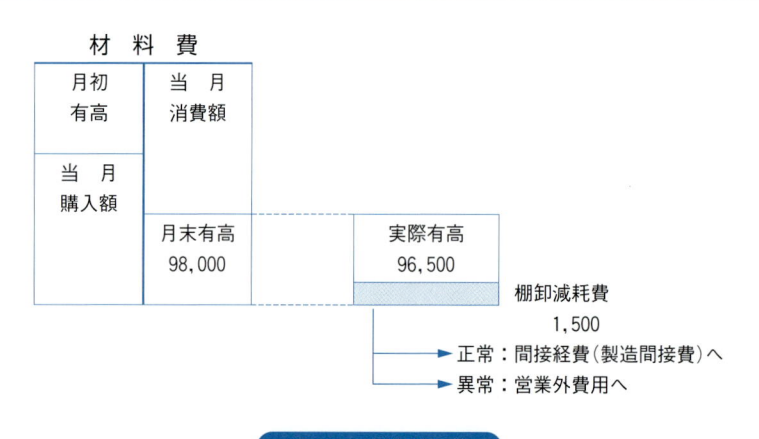

材料費

月初有高	当月消費額		
当月購入額			
	月末有高 98,000	実際有高 96,500	
		棚卸減耗費 1,500	

→ 正常：間接経費（製造間接費）へ
→ 異常：営業外費用へ

図 2.3　棚卸減耗費

たとえば、材料の月末帳簿残高が、98,000円であり、実際残高は96,500円であったとします。このとき、棚卸減耗費は1,500円（98,000円－96,500円）と計算されます。

棚卸減耗費が正常である場合には、間接経費（製造間接費）とします。
なお、棚卸減耗費が異常の場合には営業外費用とします。

○ 予定価格を用いた材料消費額の計算

1．材料予定消費額の計算

これまでのように実際の価格に基づいて材料消費額を算定しようとすると、同じ材料・同じ量を用いて出来上がった製品であっても購入価格が異なった場合には原価が異なってしまうということが生じます。そこで、こうした製造原価の変動といった問題点を解消するために予定価格を用いて計算します。

材料の予定消費金額は以下のように計算します。

> 材料の予定消費額＝実際消費数量×予定消費価格

2．材料消費価格差異の計算

材料の予定消費額に対し、月末には実際消費額が計算されます。このとき、予定消費額から実際消費額を引いて、材料消費価格差異を算出します。

> 予定消費額－実際消費額＝材料消費価格差異

予定消費額＜実際消費額の場合、つまり予定価格よりも実際価格が高い場合、材料消費価格差異はマイナスの金額として把握されます。これを不利差

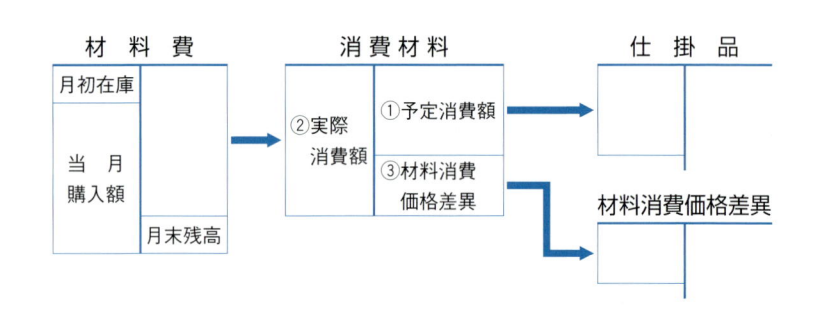

```
材　料　費           消費材料              仕　掛　品
┌─────────┐       ┌─────────┐          ┌─────────┐
│ 月初在庫 │       │①予定消費額│──────→│         │
│         │  ②実際 │         │          │         │
│ 当　月  │→消費額 │③材料消費 │          │         │
│ 購入額  │       │ 価格差異 │          └─────────┘
│         │       │         │          材料消費価格差異
│ 月末残高 │       │         │──────→ ┌─────────┐
└─────────┘       └─────────┘          │         │
                                        └─────────┘
```

図2.4　予定価格を用いた材料消費額の計算

異といいます。逆に，予定消費額＞実際消費額の場合，つまり予定価格よりも実際価格が低い場合，材料消費価格差異はプラスの金額として把握されます。これを有利差異といいます。

予定価格を用いた材料消費額の計算の流れを図解すると図2.4のようになります（不利差異の場合）。

図2.4のように，不利差異が計算された場合，その金額は材料消費価格差異勘定の借方（左側）に記録されます。したがって，不利差異のことを借方差異ということもあります。逆に，有利差異が計算された場合は，貸方差異と呼びます。

また，材料消費価格差異は原則として，売上原価の内訳項目となり，不利差異の場合には加算，有利差異の場合には減算されます。

> 設例3：次の資料に基づいて以下の問いに答えなさい。
> （問）1．材料予定消費額を計算しなさい。
> （問）2．材料消費価格差異を計算しなさい。

[資 料]
1. A材料を，直接材料として200kg，間接材料として50kg消費した。なお，予定価格＠500円で払い出したものとする。
2. 1.の実際消費価格は，＠505円であった。

[解 答]
(問) 1. 250kg×500円＝125,000円
(問) 2. 250kg×(500－505円)＝－1,250円

(問) 1.	125,000円
(問) 2.	1,250円（不利差異）

2.2 労務費の計算

○ 労務費とは

労務費（labor costs）とは，労働力の消費によって生ずる原価をいいます。モノを造る場合，それに必要な人手を使うわけですが，その人手にいくらかかったかということになります。

労務費をその支払形態によって区別すると以下のようになります。

(1) 賃 金

工員の労働に対して支払われる給与等を賃金といいます。工員には，製品を製造するために作業する直接工と，修繕や清掃等製品を製造する以外の作業をする間接工とが存在します。

(2) 加 給 金

基本賃金の他に支払われる割増給与を加給金といいます。定時間外作業手当，危険手当，夜間手当などをいいます。

(3) 給料・雑給

職員の労働に対して支払われる給与等を給料といいます。パートタイマーの労働に対して支払われる給与等を雑給といいます。

(4) 従業員賞与・手当

工員・職員に対して支払われる賞与，通勤手当，住宅手当等の手当を従業員賞与・手当といいます。

(5) 退職給付費用

会社の退職規定に従って支給される退職金に対して引き当てられたものを退職給付費用といいます。

(6) 法定福利費

工場従業員の社会保険料のうちの一部を会社が負担すると法で定められている金額を法定福利費といいます。

また労務費は，製品との関連によって，直接労務費（一般的には，直接工に対する賃金のみが該当します）と間接労務費に分類されます。

◯ 労務費計算の考え方

労務費の計算には支払額の計算と消費額の計算の2面があります。基本的な考え方は材料費のときと一緒ですが，原価の計算対象がヒトであることに

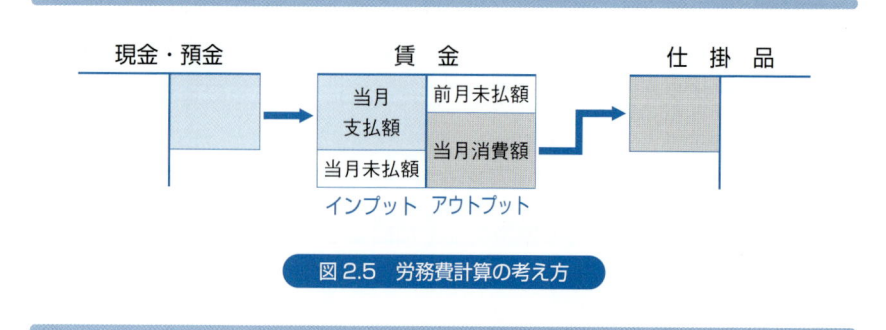

図2.5 労務費計算の考え方

注意しましょう（図2.5）。

賃金の支払額の計算

1. 支払賃金の計算

支払賃金の計算は，工員一人ひとりに対して行われるのが一般的です。計算式は以下のようになります。

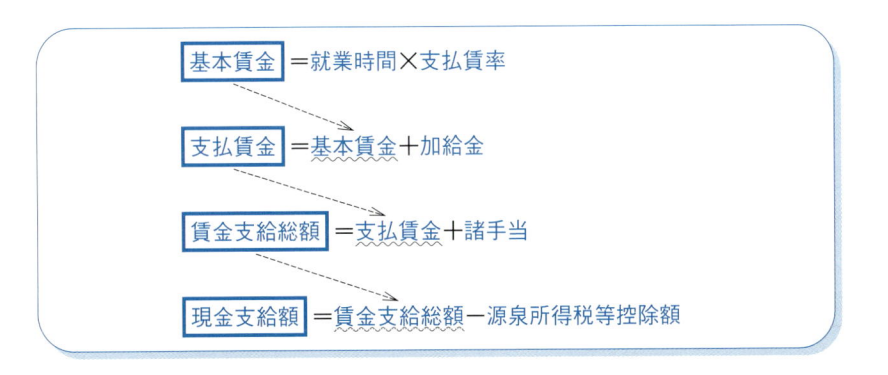

$$\boxed{\text{基本賃金}} = 就業時間 \times 支払賃率$$

$$\boxed{\text{支払賃金}} = \underline{基本賃金} + 加給金$$

$$\boxed{\text{賃金支給総額}} = \underline{支払賃金} + 諸手当$$

$$\boxed{\text{現金支給額}} = \underline{賃金支給総額} - 源泉所得税等控除額$$

ここで賃率とは，単位当たりの賃金を指します。作業時間単位で表す場合を時間賃率（普通これを賃率という），出来高単位で表す場合を出来高賃率といいます。

基本賃金の計算方法については，何を基準として支払うかによって時間給制度と出来高給制度があります。時間給制度は，就業時間1時間当たりの賃金(賃率)に実際の就業時間を乗じることによって計算されます。工員一人ひとりの作業時間は作業時間票（作業時間報告書）（図2.6）によって把握されます。

一方，出来高給制度は，出来高賃率に実際生産量を乗じることによって計算されます。

作業時間票

作業者 No.＿＿＿＿　　　　No.＿＿＿
作業者名＿＿＿＿　　　　日付　年　月　日　曜
作業種別 No.＿＿＿＿　　　　製造指図書 No.＿＿＿

	開始時間		終了時間		作業時間		記　　事
持場							
応援							

賃　　率	金　　額	職　長	課　長	計算係		
		㊞	㊞	㊞		

図 2.6　作業時間票

2．賃金支払時の処理

賃金の支払いに関しては，賃金支給総額をそのまま工員へ支払うわけではなく，源泉所得税等を控除した後の額となります。よって，賃金支払帳（表 2.2）を作成し，支払額・控除額を記入することになります。賃金支払帳は月末に締め切り，普通仕訳帳への合計仕訳を行うことが一般的です。

表 2.2　賃金支払票

賃 金 支 払 帳

部門＿＿＿＿　　　　自 平成 X 年 5 月 21 日 至 6 月 20 日

職番	氏　名	時間数		賃　率		賃　　金			××手当	総所得	控　除　額						支払額
		常業	残業	常業	残業	基本給	加給金	計			所得税	住民税	社会保険料	組合費	その他	計	

○ 賃金の消費額の計算

賃金の消費額（原価計算上の消費賃金）を計算する場合には，直接工の消費額と間接工の消費額をそれぞれ区別して，以下のように計算します。

1．直接工の賃金

直接工の賃金消費額は，時間制と出来高制がありますが，時間制の場合，以下の計算式によって算定されます（図 2.7）。

> 消費賃金＝就業時間×1 時間当たりの消費賃率

就業時間のうち，直接作業時間が直接労務費となります。つまり，間接作業時間や手待時間は間接労務費となります。

消費賃率は次のように算定されます。

$$消費賃率 = \frac{基本賃金＋加給金}{就業時間}$$

勤務時間				
就業時間				定時休息時間および職場離脱時間
労働時間			手待時間	
直接作業時間		間接作業時間		
加工時間	段取時間			

図 2.7　就業時間（直接工の場合）

2. 間接工の賃金

間接工の賃金消費額は，原価計算期間の要支払額をもって計算されます。ただし，原価計算期間が通常暦月(1日〜月末)であるのに対して，給与計算期間はたとえば，21日から翌月20日の給料を25日に支払うというケースがあります。したがって，こうした違いを考慮して，当月の賃金消費額は次のようにして計算します。

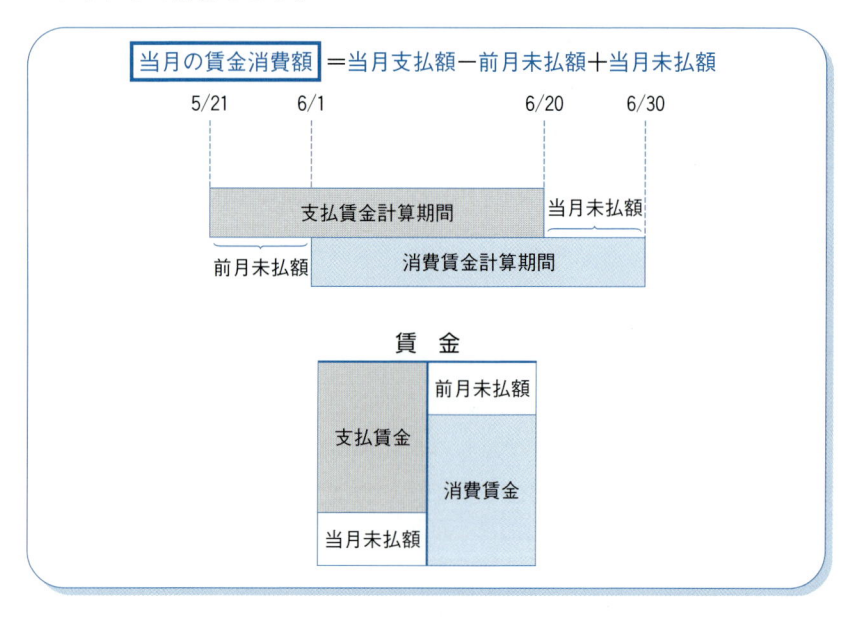

当月の賃金消費額＝当月支払額－前月未払額＋当月未払額

```
        5/21        6/1              6/20      6/30
                  ┌─────────────────────┐    ┌──────┐
                  │    支払賃金計算期間    │    │当月未払額│
                  └─────────────────────┘    └──────┘
            ┌──────┐┌─────────────────────────────┐
            │前月未払額││      消費賃金計算期間        │
            └──────┘└─────────────────────────────┘
```

賃 金

```
┌──────┬──────┐
│      │前月未払額 │
│支払賃金 ├──────┤
│      │消費賃金  │
├──────┤      │
│当月未払額│      │
└──────┴──────┘
```

> **設例4**：前月未払賃金12,000円，当月支払賃金246,000円(現金払)，当月未払賃金18,000円であった。消費した賃金は，そのうち200,000円が直接費である。このとき，間接賃金はいくらになるか。

[解　答]

　当月消費額＝当月支払額246,000円－前月支払額12,000円＋当月未払額18,000円
　　　　　＝252,000円

　間接賃金＝252,000円－200,000円＝52,000円

3．その他の労務費

賞与引当金繰入額や退職給付費用は，年間の繰入れ見積額の12分の1をその原価計算期間の間接労務費とします。

○ 予定賃率を用いた消費賃金の計算

1．予定消費賃金の計算

材料費の計算と同様に，労務費にも予定賃率を用いる場合があります。労務費の予定消費金額は以下のように計算します。

> 予定消費賃金＝実際就業時間×1時間当たりの予定消費賃率

2．賃率差異の計算

予定消費賃金に対し，月末には実際消費賃金が計算されます。このとき，予定消費賃金から実際消費賃金を引いて，賃率差異を算出します。

> 予定消費賃金－実際消費賃金＝賃率差異

予定消費賃金＜実際消費賃金の場合，つまり賃率差異＜0の場合，これを不利差異といいます。逆に，予定消費賃金＞実際消費賃金の場合，つまり賃率差異＞0の場合，これを有利差異といいます。

予定賃率を用いた消費賃金の計算の流れを図解すると以下のようになります（不利差異の場合）。

賃率差異は，材料消費価格差異と同様，原則として，売上原価の内訳項目となり，不利差異の場合には加算，有利差異の場合には減算されます（図2.8）。

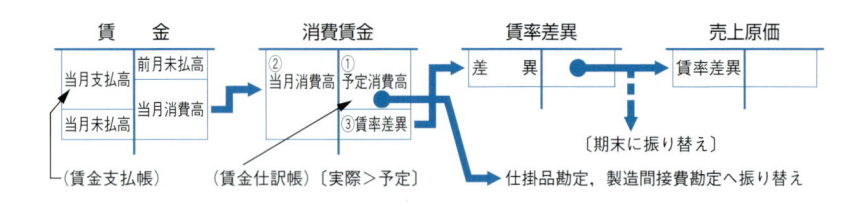

図2.8 予定賃率を用いた消費賃金計算の流れ

2.3 経費の計算

○ 経費とは

経費（expense）とは，材料費および労務費以外の原価要素のことをいいます。製造に使われたのは材料や人手ばかりではなく，電気代や工場の賃借料などもあります。それらが経費となります。

経費は，その消費額をどのように把握するかによって，以下のように分類されますが，ほとんどの経費は間接経費となります。

(1) 支払経費

支払経費とは実際の支払額によって消費額がわかる経費をいいます。たとえば，外注加工費，旅費交通費，通信費などです。なお，この中では外注加工費のみは直接経費とされるのが一般的です。

(2) 月割経費

月割経費とは1年分・数カ月分を月割計算することにより月々の発生額を計算する経費をいいます。たとえば，減価償却費，賃借料，保険料などです。

(3) 測定経費

測定経費とはメーターなどにより月々の発生額を測定する経費をいいます。たとえば，電力料，ガス代，水道料，事務用消耗品費などです。

(4) 発生経費

発生経費とは月々の発生額をその月に負担させる経費をいいます。たとえば，棚卸減耗費，仕損費などです。

経費の消費額の計算

(1) 支払経費

支払経費は，実際の支払額を消費額とすることが一般的です。しかしながら，未払いや前払いがあるケースもあります。したがって，当月の支払額を基本として未払額，前払額等を加減して計算し，以下の式で求めることになります（図2.9）。

> 当月消費額＝当月支払額＋（前月前払額・当月未払額）
> －（当月前払額・前月未払額）

当月 支払額	前月未払額
	当月前払額
当月未払額	当月 消費額
前月前払額	

図2.9 支払経費

(2) 月割経費

月割経費は，1年分・数カ月分の予算や支払額を，月割することで当月の消費額を計算します。たとえば，以下のように計算します。

$$\boxed{当月消費額} = \frac{年間の予算・支払額}{12カ月} \quad (1年分の場合)$$

(3) 測定経費

測定経費は，メーターなどの測定量に基づいて計算されたものが消費額です。ただし，測定額＝支払額でないケースもありますので注意が必要です。消費額は以下のように計算されるのが一般的です。

$$\boxed{当月消費額} = 基本料金 + 当月測定量 \times 1量当たりの金額$$

(4) 発生経費

発生経費は，当月の実際発生額が消費額となります。

> **設例5**：以下の資料に基づき，各経費を分類し当月の消費額を求めなさい。

[資 料]
修繕費　前月未払額　2,250円，当月支払額　4,500円，当月未払額　750円
外注加工費　前月未払額　1,500円，当月支払額　6,000円，次月分前払額　750円
保険料　年額　144,000円
電力料　当月支払額　22,500円，当月測定額　31,500円
事務用消耗品費　月初棚卸額　750円，当月購入額　4,500円，月末棚卸額　1,200円
減価償却費　年間予定総額　630,000円

[解　答]
① 支払経費　3,000 円（4,500 円 − 2,250 円 + 750 円）
② 支払経費　3,750 円（6,000 円 − 1,500 円 − 750 円）
③ 月割経費　12,000 円 $\left(\dfrac{144,000}{12}\right)$
④ 測定経費　31,500 円
⑤ 測定経費　4,050 円（750 円 + 4,500 円 − 1,200 円）
⑥ 月割経費　52,500 円 $\left(\dfrac{630,000}{12}\right)$

2.4　製造間接費の計算

○ 製造間接費の集計と配賦

(1) 製造間接費の集計

基本的には，費目別に把握した間接材料費，間接労務費，間接経費の実際発生額を製造間接費集計表に集計します。

(2) 製造間接費の配賦

製造間接費は，各製品との関連性を直接把握できない原価です。そのため，各製品に負担させない，あるいは1つの製品にのみ負担させる，といった極端なやり方では正確な製品の原価は計算できません。直接把握できないのであれば，たとえば何かのモノサシ（尺度）で各製品に割り当てることが必要とされます。この割り当てを配賦といいます。製造間接費を各製品に配賦するにはある一定のルール（基準）が必要となります。このルールを配賦基準といいます（図2.10）。

具体的にどのように配賦するのかについては，原則として部門別計算を経て製品に配賦することになります（次章参照）が，以下ではこれまで解説してきた費目別原価計算の流れの中で，製造間接費の配賦の基礎的な考え方について紹介します。

図2.10　製造間接費の配賦

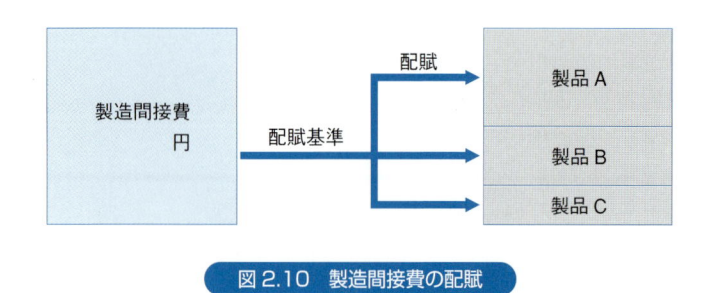

◯ 配賦基準の分類

配賦基準には，以下のようなものがあります。

(1) 価 額 基 準

① 直接材料費基準：各製品の直接材料費の割合で製造間接費を配賦する基準。

② 直接労務費基準：各製品の直接労務費の割合で製造間接費を配賦する基準。

③ 直接原価法：各製品の直接費(直接材料費・直接労務費・直接経費)の割合で製造間接費を配賦する基準。

④ 素価基準：各製品の素価(直接材料費・直接労務費)の割合で製造間接費を配賦する基準。

(2) 物 量 等 基 準

① 生産量基準：各製品の生産量の割合で製造間接費を配賦する基準。

② 直接作業時間基準：各製品の直接作業時間の割合で製造間接費を配賦する基準。

③ 機械運転時間基準：各製品の機械運転時間の割合で製造間接費を配賦する基準。

(3) 活動基準

活動基準とは会社全体の活動をベースにして配賦する基準をいいます。詳しくは第4章で取り上げます。

○ 配賦計算の手続

各製品に製造間接費を配賦する計算手続は以下のようになります。

> ① 製造間接費の総額を計算する
> ② 配賦基準を設定する
> ③ 配賦率を算定する
> ④ 配賦額を計算する

このうちの、①と②についてはこれまでに説明してきたとおりです。最初の問題は、③の配賦率をどのように算定するかです。これは以下の算定式によります。(①÷②の各製品の合計と簡潔に表現することも可能です)。

$$配賦率 = \frac{製造間接費総額}{配賦基準数値合計}$$

次に、④については、基本的に③の配賦率が算定されていることが前提となりますが、以下のようになります。

$$配賦額 = 各製品ごとの配賦基準数値 \times 配賦率$$

設例6：次の資料から，製造間接費 360,000 円の A 製品，B 製品，C 製品への配賦額を，①直接作業時間基準，②機械作業時間基準，③直接労務費基準により配賦した場合の各製品への配賦額を計算しなさい。この場合，配賦率も算定すること。

[資 料]

	A 製品	B 製品	C 製品
① 直接作業時間	240h	200h	360h
② 機械作業時間	50h	250h	200h
③ 直接労務費	120,000 円	55,000 円	125,000 円

[解 答]

①		②		③	
配賦率	450 円/h	配賦率	720 円/h	配賦率	120 %
A 製品	108,000 円	A 製品	36,000 円	A 製品	144,000 円
B 製品	90,000 円	B 製品	180,000 円	B 製品	66,000 円
C 製品	162,000 円	C 製品	144,000 円	C 製品	150,000 円

○ 製造間接費の予定配賦

これまで確認してきた配賦の方法は，実際額を基本として行ってきたものです。しかしながら，そうした配賦方法では，月末に実際発生額が把握されるまで配賦額が計算されないことになってしまい，製品原価の算定が遅れてしまいます。また，製造間接費は固定費的な性格をもつものが多くあります。そうすると，生産量や作業時間といった操業度に実際値を用いると，操業度が高い（低い）月には製品単位当たりの固定費が低く（高く）なりますから，安い（高い）製品ができることになります。その結果，製品原価の正確性が損ねられてしまいます。したがって，このようなことから，製造間接費は，原則として予定配賦率をもって製品に配賦することになります。これを製造間接費の予定配賦といいます。

$$\boxed{\text{予定配賦率}} = \frac{1\,\text{予算期間の製造間接費予算}}{\text{同期間の基準操業度}}$$

各製品に製造間接費を予定配賦する計算手続を示すと，以下のようになります。

① 製造間接費予算を設定する
② 基準操業度を設定する
③ 予定配賦率を算定する
④ 予定配賦額を計算する
⑤ 原価差異の把握と差異分析を行う

①の予定配賦率の算定には，まず**製造間接費予算**が必要となります。製造間接費予算は，一定期間（通常翌年度）における製造間接費の予算額を費目ごとに決定し積み上げたものです。製造間接費予算には，固定予算と変動予算があります。

固定予算は，②の基準操業度のもとで発生するであろう予算額を，**実際の操業度にかかわらず固定する方法**で，その予算額をすべての操業度におけるものとする方法です。図示すると図2.11のようになります。

一方，**変動予算**は，**操業度に対して弾力的に予算を設定する方法**です。ここでは，公式法変動予算を図2.12に示しておきます。

②の**基準操業度**とは，一定期間に達成が見込まれる操業度のことで，実際的操業度，正常操業度，期待実際操業度などがあります。

③では，予算額と基準操業度によって予定配賦率を算定します。

④の**予定配賦額**は，③の予定配賦率を用いて，以下のように計算されます。

$$\boxed{\text{予定配賦額}} = \text{製品ごとの配賦基準数値} \times \text{予定配賦率}$$

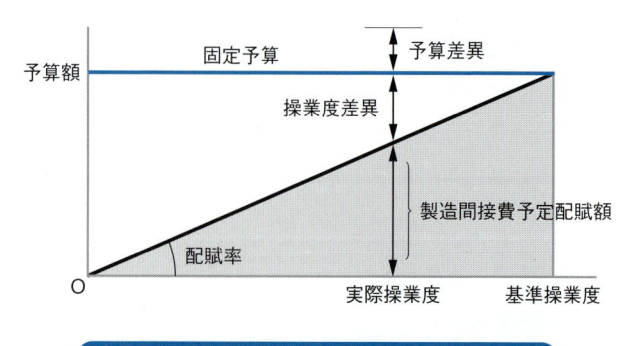

図2.11　製造間接費予算(1)（固定予算の場合）

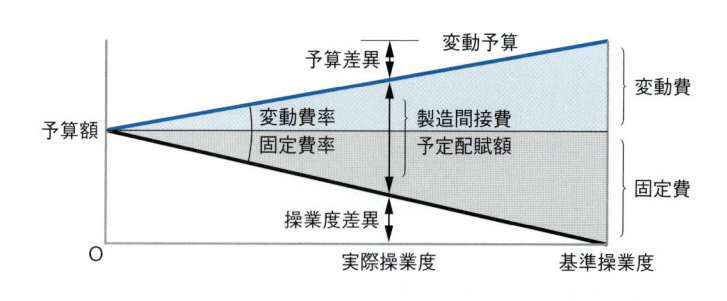

図2.12　製造間接費予算(2)（変動予算の場合）

　以上の計算手続によって予定配賦額が算定されますが，予定配賦額と実際発生額との間に差額が生じます。したがってその差額は，原価差異として把握しておく必要があります。この差異を**製造間接費配賦差異**といいます。製造間接費配賦差異は，それがどのような原因で発生したかについて分析することが必要となります。その手続が，⑤の**原価差異の把握と差異分析**になります。

製造間接費配賦差異の算定と分析

1．製造間接費配賦差異の算定
製造間接費配賦差異は，以下のように計算します。

> 製造間接費配賦差異＝予定配賦額－実際発生額

2．製造間接費配賦差異の分析
製造間接費を予定配賦すると製造間接費配賦差異が生じますが，その差異を原因別に予算差異と操業度差異とに分析することが可能です。

(1) 予算差異
予算差異とは，あらかじめ設定された予算を下回ったか上回ったかという意味で製造間接費の節約度合いを示すものとされます。予算差異は以下のように計算されます。

> 予算差異＝予算額－実際発生額

◆公式法変動予算の場合は，予算額が実際操業度に応じて変動するので次のように計算されます。
　　予算差異＝(変動費率×実際操業度＋固定製造間接費予算額)
　　　　　　－実際発生額

(2) 操業度差異
操業度差異とは，生産設備の利用度の良否を示すもので，基準操業度と実際操業度が等しくなかったことから生じる差異です。操業度差異は以下のように計算されます。

> **操業度差異** ＝ 予定配賦額 － 予算額

◆公式法変動予算の場合は，次のように計算されます。
　　　操業度差異＝予定配賦額－（変動費率×実際操業度＋固定製造間接費予算額）
　　　　　　　　＝固定費率×（実際操業度－基準操業度）
　　　　（注）　変動費率＝変動製造間接費予算額÷基準操業度
　　　　　　　　固定費率＝固定製造間接費予算額÷基準操業度

設例 7：次の資料に基づいて，①製造間接費配賦差異を算定し，②予算差異，③操業度差異を計算しなさい。なお，(1)固定予算による場合と，(2)公式法変動予算による場合の両者について解答しなさい。

[資　料]
　　製造間接費年間予算　1,236,000円（うち，年間固定費は741,600円）
　　基準操業度（年間）　2,472時間
　　製造間接費当月実際発生額　104,192円
　　当月実際直接作業時間　200時間
＊1　なお，直接作業時間基準で製造間接費の配賦を行っている。
＊2　月間の予算は，年間予算の12分の1である。

[解　答]
(1)　固定予算による場合
　　①製造間接費配賦差異　　4,192円
　　　　　　　　　　　　（不利差異）
　　②予算差異　　　　　　　1,192円
　　　　　　　　　　　　（不利差異）
　　③操業度差異　　　　　　3,000円
　　　　　　　　　　　　（不利差異）

(2)　公式法変動予算による場合
　　①製造間接費配賦差異　　4,192円
　　　　　　　　　　　　（不利差異）
　　②予算差異　　　　　　　2,392円
　　　　　　　　　　　　（不利差異）
　　③操業度差異　　　　　　1,800円
　　　　　　　　　　　　（不利差異）

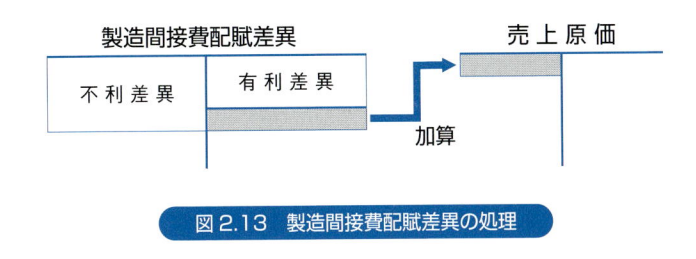

図2.13 製造間接費配賦差異の処理

◯ 製造間接費配賦差異の処理

　製造間接費配賦差異は，原価計算期間ごとに製造間接費配賦差異勘定に記録されるので，会計年度末に1年分をまとめて，原則として当年度の売上原価の内訳項目とします。1年間で不利差異＞有利差異のときを図示すると図2.13のようになります。

2.5　単純個別原価計算

◯ 個別原価計算の意義

　第1章の第2節でもふれましたが，個別原価計算とは種類を異にする製品を，個別に注文を受けて生産する受注生産を採用している企業が行う原価計算のことをいいます。

　受注生産を行う企業は，通常，注文を受けると，その製品ごとに特定の製造指図書（特定製造指図書）を発行します。それに基づいて製品を生産し，引き渡します。個別原価計算では，それぞれの製品の製造指図書ごとに発行

される原価計算表に原価が集計され，製造原価を確定します。

◯ 単純個別原価計算と部門別個別原価計算

　個別原価計算は，製造間接費を部門別に集計するか否かによって，単純個別原価計算と部門別個別原価計算とに分類することができます。
　単純個別原価計算とは，前節で解説したように，製造間接費を部門別に集計せずに，製造間接費をそのまま各製造指図書に配賦する個別原価計算のことをいいます。一方，部門別個別原価計算とは，製造間接費を部門別に集計し，部門間接費として，これを各製造指図書に配賦する個別原価計算のことをいいます。これは次章で紹介します。

◯ 単純個別原価計算の手続

1．単純個別原価計算の計算手続

単純個別原価計算の基本的な計算手続は次のようになります。

(1)　形態別分類に基づいて，材料費，労務費，経費に分類します。

(2)　次にこれらを製品との関連によって直接費と間接費に分類します。

　この分類については，出庫票・作業時間票・支払伝票などに，製造指図書番号の記載があるかないかによって判断されます。

(3)　製造指図書番号がある，つまり直接費と判断されたものについては，製造指図書番号に従って，原価計算表に直接記入することになります。

(4)　また，間接費と判断されたものについては，どの番号の製品にどれだけ用いられたか不明ということになります。したがって，間接費は，配賦基準によって各製品に割り当て，これを原価計算表に記入することになります。

表2.3 個別原価計算表の例

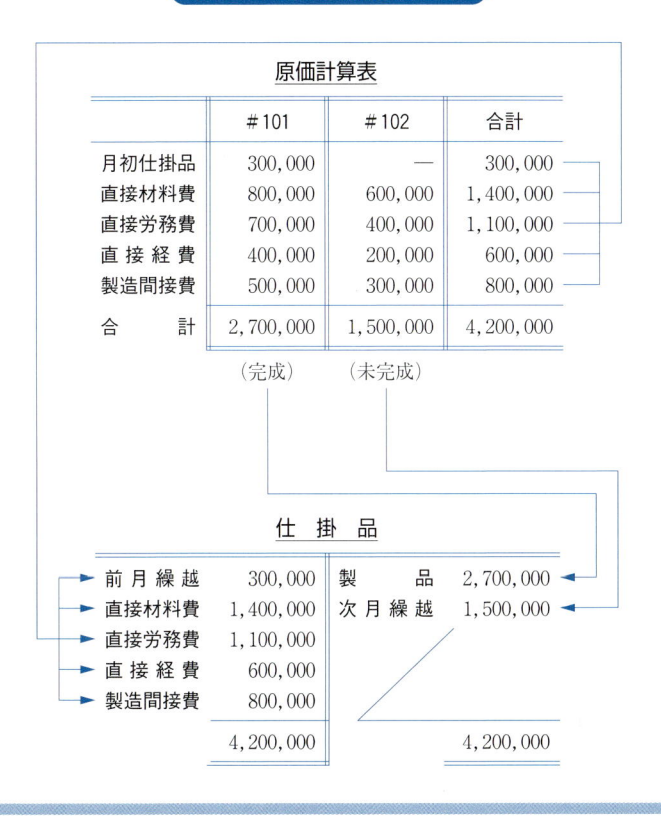

原価計算表

	＃101	＃102	合計
月初仕掛品	300,000	—	300,000
直接材料費	800,000	600,000	1,400,000
直接労務費	700,000	400,000	1,100,000
直接経費	400,000	200,000	600,000
製造間接費	500,000	300,000	800,000
合計	2,700,000	1,500,000	4,200,000
	(完成)	(未完成)	

仕 掛 品

前月繰越	300,000	製　　品	2,700,000
直接材料費	1,400,000	次月繰越	1,500,000
直接労務費	1,100,000		
直接経費	600,000		
製造間接費	800,000		
	4,200,000		4,200,000

2．個別原価計算表と製造指図書

(1) 個別原価計算表

　個別原価計算表とは，費目別計算によって算定される直接材料費・直接労務費・直接経費・製造間接費を製造指図書ごとに集計した表のことをいいます。原価計算表を綴り合せた帳簿を，**原価元帳**または**製造（仕掛品）元帳**といいます。原価計算表と仕掛品勘定との関係を示すと，表2.3のようになります。図2.14に，個別原価計算表の一例を示します。

個別原価計算表

製造指図書 No.＿＿＿　着手日＿＿年＿＿月＿＿日　指図量＿＿＿

品　　目＿＿＿＿＿　完成日＿＿年＿＿月＿＿日　完成量＿＿＿

直接材料費					直接労務費					直接経費			合計		
日付	品名	数量	単価	金額	日付	職種	時間	賃率	金額	日付	費目	金額	日付	費目	金額
														材料費	
														労務費	
										累計				経費	
										製造間接費				製造直接費計	
										費目 基準量 配賦率 金額				製造間接費	
														製造原価	
														単位製造原価	
累計					累計					累計					

図 2.14　個別原価計算表

(2) 製造指図書

個別原価計算は，指図書別計算ともいわれるように，製造指図書に従って計算されます。注文主から指定された仕様に基づいて発行される（特定）製造指図書は，製造計画が立てられると連続番号が打たれて，生産命令部署から発行されます。造船業や機械工業などでは，多数の部品を組み立てることによって完成品が得られるので，製造指図書も親となるもの（主指図書）と，子になるもの（副指図書）とが発行される場合が多いのです。その場合，たとえば主指図書が No.50 であれば，副指図書は No.50–1，No.50–2，さらに細分して，No.50–1–1 というようになります。いずれにしても，製造指図書の番号ごとに，原価計算表が作成され記入されます。

また，製造指図書には，具体的な製造指図が記述されないので，設計書，材料明細表，作業手順表などの作業を具体的に記した仕様書が別に添付され

	特定製造指図書			
		指図書 No.		
品　　目		受 注 先		
指 図 量		指 図 月 日	年　　月　　日	
仕 様 書		着 手 月 日	年　　月　　日	
入金条件		完成希望日	年　　月　　日	
担当工場		完 成 月 日	年　　月　　日	
営業課長	担当部長	製造部長	製造課長	製造担当係
㊞	㊞	㊞	㊞	㊞

図2.15　製造指図書

ます。特定製造指図書の一例を図2.15に示します。

> **設例8**：当社では，実際個別原価計算を採用している。次に示した資料に基づき，5月中の仕掛品勘定と製品勘定の（　）内に適当な金額を記入しなさい。

[資　料]

製造指図書	直接材料費	直接労務費	直接作業時間	備　考
No.101	750,000 円	350,000 円	250 時間	4月着手・完成，5月引渡
No.102 4月中 5月中	 450,000 円 200,000 円	 140,000 円 210,000 円	 100 時間 150 時間	4月着手，5月完成・引渡
No.103	850,000 円	420,000 円	300 時間	5月着手・完成，5月末未引渡
No.104	700,000 円	210,000 円	150 時間	5月着手，5月末未完成

＊1　製造間接費は予定配賦している。
＊2　予定配賦率は直接作業時間当たり1,600円である。

仕　掛　品

月 初 有 高	（　　　）	当月完成高	（　　　）
当月製造費用：		月 末 有 高	（　　　）
直接材料費	（　　　）		
直接労務費	（　　　）		
製造間接費	（　　　）		
	（　　　）		（　　　）

製　品

月 初 有 高	（　　　）	当月販売高	（　　　）
当月完成高	（　　　）	月 末 有 高	（　　　）
	（　　　）		（　　　）

[解　答]

仕　掛　品

月 初 有 高	750,000	当月完成高	3,150,000
当月製造費用：		月 末 有 高	1,150,000
直接材料費	1,750,000		
直接労務費	840,000		
製造間接費	960,000		
	4,300,000		4,300,000

製　品

月 初 有 高	1,500,000	当月販売高	2,900,000
当月完成高	3,150,000	月 末 有 高	1,750,000
	4,650,000		4,650,000

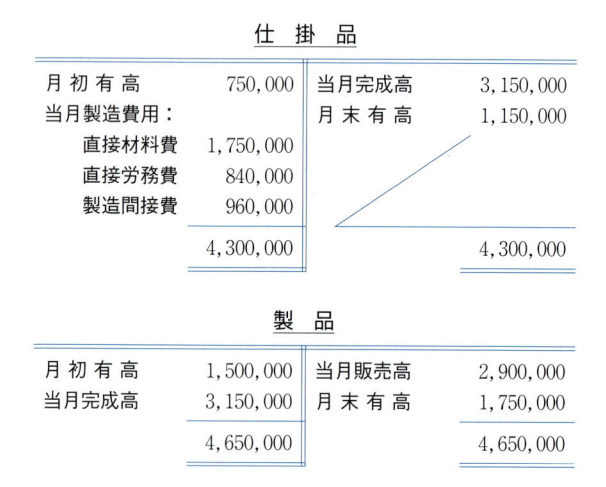

○ 仕損費・作業屑の計算と処理

1．仕損費の計算と処理

仕損品とは，製造の処理（プロセス）で，材料の品質が悪いもの（材料不良），作業者の作業ミスであったもの，機械の故障のため，品質基準や規格に適合せず，加工の失敗として不合格品となったものをいいます。この仕損品の発生に伴う原価を仕損費といいます。

(1) 仕損費の計算

個別原価計算では，原則として次のように計算します。

① 補修により回復可能な場合→補修指図書を発行する場合

　　仕損費＝補修指図書に集計された製造原価

② 補修により回復不能で新たに代品製造→新製造指図書を発行する場合

　(a) 旧製造指図書の全部が仕損

　　　仕損費＝旧製造指図書に集計された製造原価

　(b) 旧製造指図書の一部が仕損

　　　仕損費＝新製造指図書に集計された製造原価

③ 上記の①または②のケースで，新たに製造指図書を発行しない場合

　　仕損費＝補修または代品製造に要する製造原価の見積額

④ 代品を製造する場合で，仕損品が売却価値または利用価値を有する場合は，その見積額を上記②または③の額から差し引いた金額を仕損費とします。

⑤ 軽微な仕損：仕損費を計上しないで，仕損品の見積売却価額または見積利用価額を評価計上し，当該製造指図書から控除するにとどめることができます。

⑥ 異常な原因によって発生した仕損費は非原価項目とします。

(2) 仕損費の処理

仕損費の処理は次のいずれかの方法によります。
① 実際発生額または見積額を，仕損に関連する当該製造指図書に賦課します（直接経費処理）。
② 製造間接費として，発生部門に賦課します（製造間接費処理）。普通は仕損発生を予定し，その予定額を予定配賦率で計算し，製造間接費に算入します。

> **設例9**：A工場は個別原価計算を採用している。製造指図書番号♯510，♯603，♯701の原価計算表を完成させなさい。

[資 料]

原価計算表 （単位：円）

	♯510	♯603	♯701
直接材料費	300,000	180,000	450,000
直接労務費	75,000	80,000	120,000
製造間接費	250,000	90,000	320,000
製造原価合計	625,000	350,000	890,000

1．製造指図書♯510では製造した半数が最終検査で不合格となり，これを補修するために補修指図書♯510-1Sが発行され，その後合格した。
2．製造指図書♯603では，重大な材料の取り違えが判明し，全数が仕損となった。代品を製造するため新指図書♯603-1Aを発行し，代品を完成した。なお，♯603は，250,000円で売却する予定である。
3．♯701では，製造した一部に仕損が生じた。そこで，これを処分し，新製造指図書♯701-1Pを発行して代品を製造し，完成した。
4．仕損に当たり発行された各製造指図書の製造原価は以下のとおりであった。なお，すべての仕損は正常なものであると判断された。

原価計算表　　　　　　　　　　（単位：円）

	＃510	＃603	＃701	＃510-1S	＃603-1A	＃701-1P
直接材料費	300,000	180,000	450,000	10,000	250,000	90,000
直接労務費	75,000	80,000	120,000	25,000	85,000	24,000
製造間接費	250,000	90,000	320,000	―	100,000	64,000
仕損品評価額						
仕損費振替額						
製造原価合計						

[解　答]

各製造指図書の仕損費は以下のようになります。

　　＃510の仕損費＝補修指図書＃510-1Sに集計された製造原価
　　＃603の仕損費＝新製造指図書＃603に集計された製造原価－仕損品見積評価額
　　＃701の仕損費＝新製造指図書＃701-1Pに集計された製造原価

したがって原価計算表は次のようになります。

原価計算表　　　　　　　　　　（単位：円）

	＃510	＃603	＃701	＃510-1S	＃603-1A	＃701-1P
直接材料費	300,000	180,000	450,000	10,000	250,000	90,000
直接労務費	75,000	80,000	120,000	25,000	85,000	24,000
製造間接費	250,000	90,000	320,000	―	100,000	64,000
仕損品評価額	―	−250,000	―	―	―	―
仕損費振替額	35,000	−100,000	178,000	−35,000	100,000	−178,000
製造原価合計	660,000	0	1,068,000	0	535,000	0

2．作業屑の処理

(1) 作業屑

　作業屑とは，製造のプロセスで生じた，材料の切り屑や残り屑などのうち，経済的価値のあるものをいいます。作業屑はその評価額を計算して，主に製造原価から控除します。

　作業屑の評価には，見積売却価額から販売費，一般管理費，通常の利益の見積額を控除した額などが使われます。

(2) 作業屑の処理

作業屑が，売却価値または利用価値をもつ場合には，その見積評価額を以下のように処理します。

① 発生額が各製造指図書ごとに区分計算できる場合

当該製造指図書の直接材料費または製造原価から差し引きます。

② 発生額が各製造指図書ごとに区分計算できない場合

⇨発生部門の部門費または製造間接費から差し引きます。

③ 発生額が軽微で，そのつど，これを計上する必要がない場合

⇨売却したときに，その売却額を原価計算外の収益として処理できます。

練習問題

2.1 原材料 A に関する 5 月の受け入れと払い出しは以下の資料のとおりである。それぞれの消費価格の計算方法について，材料消費額を直接費と間接費に分けて計算しなさい。

[資　料]

日　付	摘　要	数　量	価　格	金　額
5月1日	繰越	100 個	@149 円	14,900 円
5月11日	掛仕入	1,000 個	@160 円	160,000 円
5月15日	製造指図書 No.3 に対する出庫	700 個		
5月21日	間接材料として出庫	300 個		
5月26日	掛仕入	400 個	@144 円	57,600 円
5月31日	繰越	500 個		

	直接材料費	間接材料費
① 先入先出法	円	円
② 後入先出法	円	円
③ 移動平均法	円	円
④ 総平均法	円	円

2.2 以下の①から⑩に当てはまる金額を記入しなさい。なお，製造指図書♯101は完成している。

仕 掛 品

月初有高	500,000	製　品	2,000,000
当月製造費用：			
直接材料費	1,600,000		
直接労務費	1,440,000		
直接経費	①		
製造間接費	730,000		

原価計算表　　　　　　　　　　（単位：円）

製造指図書	♯101	♯102	♯103	♯104
仕掛品繰越	②	300,000	…………	…………
直接材料費	③	400,000	④	200,000
直接労務費	540,000	⑤	⑥	100,000
直接経費	260,000	⑦	60,000	40,000
製造間接費	300,000	240,000	60,000	⑧
合　　計	⑨	1,600,000	740,000	⑩

第3章

部門別原価計算

　費目別原価計算の次に行われる部門別原価計算は，製品原価の正確な算定と原価管理のために行われます。部門別計算は，主として製造間接費を発生場所別に集計します。計算単位を細分化することによって，原価計算の精度が上がると期待されます。また，それは同時にどの部門が（あるいは誰が）原価を発生させているかという注意喚起にもつながり，原価の低減に代表される原価管理に結びつくと期待されます。

　部門別計算は，第1次集計から第3次集計までの3つのプロセスから構成されますが，第2次集計がとりわけ重要となります。

○KEY WORDS○
製造部門，補助部門，部門個別費，部門共通費，
部門費集計表，直接配賦法，相互配賦法，
階梯式配賦法，部門費振替表

3.1　部門別計算の意義と目的

　費目別計算において把握された原価要素を原価部門別（場所別）に分類集計する手続を部門別計算といいます。部門別計算は，原価計算における第2次の集計段階です。

　部門別計算の目的の一つは，正確な製品原価の計算を行うためであり，もう一つは原価管理のためであります。すなわち，製造間接費について部門別に原価を計算することによって，各部門から製品が受けたサービスの度合いに応じた合理的な配賦が可能となり，また原価を各部門の管理責任と結びつけることによって，原価管理に有用な資料を得ることができるようになります。原価管理を重視する場合，直接費も部門別に集計した方が望ましいといえるでしょう。

　部門別に集計された原価を部門費と呼びますが，一般に部門費として集計される原価の範囲については部門別計算の目的との関連で決定されます。

　個別原価計算では，①すべての原価要素を含める場合と，②製造間接費と直接労務費を含める場合，③製造間接費のみを含める場合がありますが，既述のように通常は③が選択されることが多くなっています。

　また，総合原価計算では，①すべての原価要素を含める場合と，②加工費のみを含める場合とがあります（第6章参照）。

　製造間接費の部門別個別原価計算の手続は，以下の順で行われます（図3.1）。

(0)　原価部門の設定
(1)　部門個別費の分類集計と部門共通費の各部門への配賦（第1次集計）
(2)　補助部門費の製造部門への配賦（第2次集計）
(3)　製造部門費の製品への配賦（第3次集計）

```
                    費目別原価計算
                           │
        ┌──────────────────┴──────────────────┐
        │                                     │
     製造直接費                             製造間接費
                                              │
                              ┌───────────────┴──────────┐
                              │                          │
                         (1)部門共通費              (1)部門個別費      第1次集計
                              │                          │          (部門別集計表)
                         (1)部門共通費配賦                 │
                              │                          │
                              └──────┬───────────────────┘
                                     │
                              (2)補助部門費配賦 ← 第2次集計(部門費振替表)
                                     │
        ┌────────────────────────────┘
        │
     (3)製品別原価計算 ← 第3次集計(製造部門費配賦表)
```

図3.1　部門別個別原価計算の配賦処理

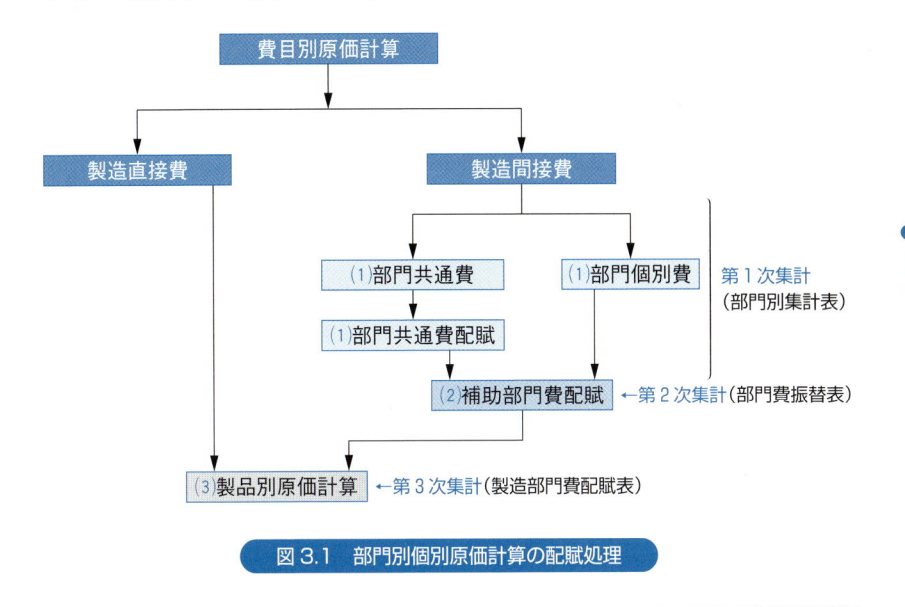

3.2　原価部門の設定

　部門別計算の最初の手続は，原価部門の設定となります。
　原価部門は，原価要素を分類集計する計算組織上の区分のことで，製造部門と補助部門とに分けられます。製造部門とは，製造を直接的に行う部門をいい，製品の種類や製造活動の種類に応じて，各種の部門または工程に区分されます。製造部門の例として，機械製作工場における鋳造，鍛造，機械加工，組立などの各部門があげられます。
　補助部門とは，製造部門の活動を補助する部門をいい，補助経営部門と工場管理部門とに区分されます。補助経営部門とは，自己の製品またはサービスを製造部門へ提供する部門で，動力部，用水部，修繕部，運搬部，工具製

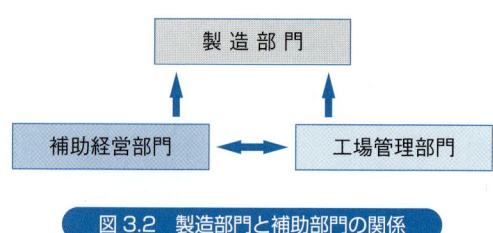

図3.2 製造部門と補助部門の関係

作部等があります。また，工場管理部門とは，工場全体の管理的機能を行う部門をいい，例として材料倉庫部，労務部，企画部，試験研究部，工場事務部等があげられます（図3.2）。

原価部門は，原価の発生状況と管理上の責任区分を考慮し，適切に設定される必要があります。

3.3 第1次集計：部門個別費集計と部門共通費の各部門への配賦

原価部門が設定されると，次に部門個別費の分類集計と部門共通費の各部門への配賦を行います。すなわち，部門別計算の対象とすべき原価要素を部門個別費と部門共通費とに分け，部門個別費はその発生部門に直接賦課し，部門共通費は一定の配賦基準により製造部門と補助部門に配賦します。

ここで，部門個別費とは，特定の部門において発生したことが直接的に認識できる原価要素であり，部門共通費とは，2つ以上の部門に共通して発生した原価要素をいいます。この手続を部門費の第1次集計と呼び，以下の設例で示す部門費集計表が作成されます。

設例1：次の資料によって部門費集計表を作成しなさい。

[資料]
1．原価データ

(単位：円)

	第1製造部	第2製造部	動力部	修繕部	工場事務部
間接材料費	7,000	6,000	4,000	3,000	—
間接労務費	19,500	16,500	9,000	7,500	7,500
間接経費	15,000	10,000	18,000	8,000	15,000
建物減価償却費			42,000		
厚生費			24,000		

2．配賦基準

	第1製造部	第2製造部	動力部	修繕部	工場事務部
動力消費量	500kwh	300kwh	—	150kwh	50kwh
修繕回数	4回	2回	3回	—	1回
従業員数	10人	6人	2人	2人	4人
占有面積	250m²	150m²	100m²	50m²	50m²

[解答]

部門費集計表

(単位：円)

費　目	合　計	製造部門		補助部門		
		第1製造部	第2製造部	動力部	修繕部	工場事務部
部門個別費						
間接材料費	20,000	7,000	6,000	4,000	3,000	—
間接労務費	60,000	19,500	16,500	9,000	7,500	7,500
間接経費	66,000	15,000	10,000	18,000	8,000	15,000
部門個別費計	146,000	41,500	32,500	31,000	18,500	22,500
部門共通費						
建物減価償却費	42,000	17,500	10,500	7,000	3,500	3,500
厚生費	24,000	10,000	6,000	2,000	2,000	4,000
部門共通費計	66,000	27,500	16,500	9,000	5,500	7,500
部門費合計	212,000	69,000	49,000	40,000	24,000	30,000

3.3 第1次集計：部門個別費集計と部門共通費の各部門への配賦

❖ **設例の解説**

部門個別費である間接材料費，間接労務費，間接経費は各部門に賦課します。

部門共通費の原価部門への配賦に当たっては，各部門が受けるサービスに応じてそれぞれの費目と最も関連性の強い配賦基準を選択します。一般的な例をあげると次のようになります。

　　　費　　目　　　　　配賦基準
　　建物減価償却費：各部門の占める面積
　　建物保険料：　　各部門の占める面積
　　不動産賃借料：　各部門の占める面積
　　固定資産税：　　各部門の占める面積
　　機械減価償却費：機械価額
　　電　力　費：　　据付機械馬力数×運転時間
　　福　利　費：　　従業員数

本設例の計算を示すと次のようになります。

　　建物減価償却費　42,000 円÷(250+150+100+50+50)m²＝70 円/m²
　　　第 1 製造部：70 円/m²×250m²＝17,500 円
　　　第 2 製造部：70 円/m²×150m²＝10,500 円
　　　動　力　部：70 円/m²×100m²＝ 7,000 円
　　　修　繕　部：70 円/m²× 50m²＝ 3,500 円
　　　工場事務部：70 円/m²× 50m²＝ 3,500 円
　　厚生費　24,000 円÷(10+6+2+2+4)人＝1,000 円/人
　　　第 1 製造部：1,000 円/人×10 人＝10,000 円
　　　第 2 製造部：1,000 円/人× 6 人＝ 6,000 円
　　　動　力　部：1,000 円/人× 2 人＝ 2,000 円
　　　修　繕　部：1,000 円/人× 2 人＝ 2,000 円
　　　工場事務部：1,000 円/人× 4 人＝ 4,000 円

3.4　第 2 次集計
　　：補助部門費の製造部門への配賦

部門費の第 1 次集計の結果，補助部門費勘定に集計された補助部門費は，製造部門に配賦される必要があります。というのは，部門費は最終的にはす

べて製品原価に算入される必要がありますが，補助部門の活動を直接的に製品に関連させる合理的な基準が一般的に存在しないからです。したがって，補助部門が製造部門に提供したサービス量の割合に応じて，各製造部門に補助部門費を配賦します。その配賦基準には以下のような例をあげることができます。

費　目	配賦基準
動　力　部　費	機械馬力×運転時間数，動力消費量
用　水　部　費	用水消費量
修　繕　部　費	修繕に要した作業時間数，修繕回数
運　搬　部　費	運搬物品の重量，運搬距離，運搬回数
材 料 倉 庫 部 費	出庫材料の数量，価額
工 場 事 務 部 費	従業員数，直接作業時間数

　この手続は，部門費の第2次集計と呼ばれ，これを行うために部門費振替表を作成します。
　補助部門費の製造部門への配賦計算方法には(1)直接配賦法，(2)相互配賦法，(3)階梯式配賦法などがあります。

(1)　直　接　配　賦　法

　直接配賦法とは，補助部門相互間のサービスの授受は無視して，補助部門費を製造部門へのみ直接配賦する方法です。この方法は補助部門間の配賦を行わないため，計算が簡便であるという反面，計算の正確性に欠けるという短所があります（図3.3）。

(2)　相互配賦法（簡便法）

　相互配賦法とは，補助部門間のサービスの提供関係も考慮に入れて補助部門費を配賦計算する，より厳密な配賦方法です。つまり，自部門以外にサービスを提供したすべての部門にその利用割合に応じて各補助部門費が配賦されるわけです。

　ところで，相互配賦法を厳密に考えると，補助部門相互間で配賦を行うの

```
        動力部費
第1製造部門費
        修繕部費
第2製造部門費
        工場事務部費
```

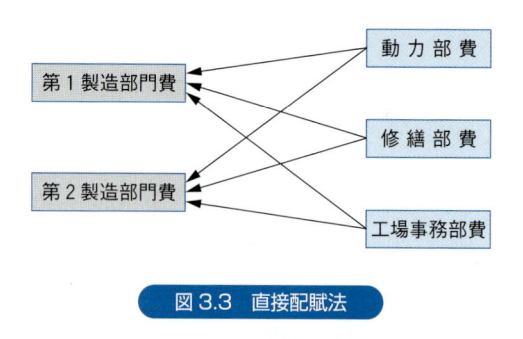

図 3.3　直接配賦法

で，第1次配賦額を配賦し終わった後，他の補助部門費が配賦されてきます。したがって各補助部門費の残高がゼロになるまで配賦計算を繰り返さなくてはなりません。しかし，これは手数がかかるので，通常，相互配賦は第1次配賦か第2次配賦くらいまでにして，あとは直接配賦するという簡便法が使われます（図 3.4）。

(3) 階梯式配賦法

階梯式配賦法とは，直接配賦法と相互配賦法との折衷法であり，補助部門間のサービスの提供関係に一定の方向性を仮定して補助部門費を配賦する方法です。他の補助部門へのサービスの提供数が多い順（同数のときには金額順）に補助部門を右から並べて，階段状になるように補助部門費を配賦していくので，そう呼ばれています（図 3.5）。

【第1次配賦】補助部門間にも配賦

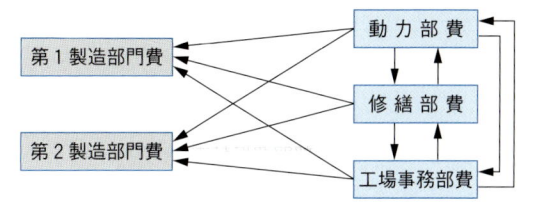

【第2次配賦】製造部門にのみ配賦

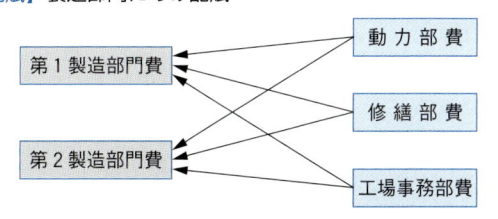

図3.4 相互配賦法（簡便法）

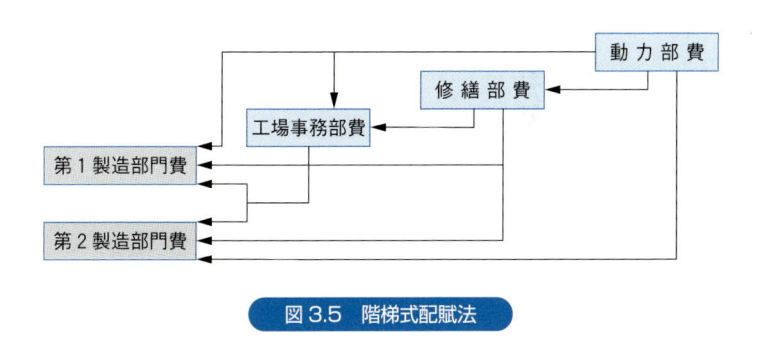

図3.5 階梯式配賦法

設例2：設例1の部門費集計表の結果を用いて，①直接配賦法，②相互配賦法（簡便法），③階梯式配賦法による部門費振替表を作成しなさい。

[解　答]
①直接配賦法

部門費振替表

（単位：円）

費　目	合　計	製　造　部　門		補　助　部　門		
		第1製造部	第2製造部	動　力　部	修　繕　部	工場事務部
部門費合計	212,000	69,000	49,000	40,000	24,000	30,000
動 力 部 費	40,000	25,000	15,000			
修 繕 部 費	24,000	16,000	8,000			
工場事務部費	30,000	18,750	11,250			
配賦額合計	94,000	59,750	34,250			
製造部門費合計	212,000	128,750	83,250			

❖ 設例の解説

動力部費の配賦計算を示すと以下のようになります。

配賦率：$\dfrac{40,000 円}{500\text{kwh}+300\text{kwh}}=50$ 円/kwh

第1製造部：50 円/kwh×500kwh＝25,000 円

第2製造部：50 円/kwh×300kwh＝15,000 円

修繕部，工場事務部については各自，確認して下さい。

②相互配賦法

部門費振替表

(単位:円)

費　目	合　計	製　造　部　門		補　助　部　門		
		第1製造部	第2製造部	動　力　部	修　繕　部	工場事務部
部門費合計	212,000	69,000	49,000	40,000	24,000	30,000
第1次配賦						
動 力 部 費	40,000	20,000	12,000	―	6,000	2,000
修 繕 部 費	24,000	9,600	4,800	7,200	―	2,400
工場事務部費	30,000	15,000	9,000	3,000	3,000	―
第2次配賦				10,200	9,000	4,400
動 力 部 費	10,200	6,375	3,825			
修 繕 部 費	9,000	6,000	3,000			
工場事務部費	4,400	2,750	1,650			
製造部門費合計	212,000	128,725	83,275			

❖ 設例の解説

動力部費の配賦計算を示すと以下のようになります。

〈第1次配賦〉

配賦率:$\dfrac{40,000 円}{500\text{kwh}+300\text{kwh}+150\text{kwh}+50\text{kwh}}=40 円/\text{kwh}$

第1製造部:40 円/kwh×500kwh=20,000 円

第2製造部:40 円/kwh×300kwh=12,000 円

修繕部:40 円/kwh×150kwh=6,000 円

工場事務部:40 円/kwh×50kwh=2,000 円

〈第2次配賦〉直接配賦法

配賦率:$\dfrac{10,200 円}{500\text{kwh}+300\text{kwh}}=12.75 円/\text{kwh}$

第1製造部:12.75 円/kwh×500kwh=6,375 円

第2製造部:12.75 円/kwh×300kwh=3,825 円

修繕部,工場事務部については各自,確認して下さい。

③階梯式配賦法

部門費振替表　　　　　　　　　　　　　　　　　　　　（単位：円）

費　目	合　計	製　造　部　門		補　助　部　門		
		第1製造部	第2製造部	修　繕　部	工場事務部	動　力　部
部門費合計	212,000	69,000	49,000	24,000	30,000	40,000
動力部費	40,000	20,000	12,000	6,000	2,000	
工事事務部費	32,000	17,778	10,667	3,555	32,000	
修繕部費	33,555	22,370	11,185	33,555		
製造部門費会計	212,000	129,148	82,852			

❖ **設例の解説**

　まず，補助部門間の順位付けですが，他の補助部門へのサービスの提供数でみるといずれの補助部門も2部門となるので，金額順に並べます。

　動力部費の配賦は相互配賦法の第1次配賦と同じです。工場事務部費の配賦は次のように計算されます。

　　配賦率：$\dfrac{32,000 円}{10 人+6 人+2 人}=1,777.78 円/人$

　　第1製造部：1,777.78円/人×10人＝17,778円
　　第2製造部：1,777.78円/人×6人＝10,667円
　　修繕部：1,777.78円/人×2人＝3,555円（端数調整しています）

　修繕部費は次のように配賦されます。

　　配賦率：$\dfrac{33,555 円}{4 回+2 回}=5,592.5 円/回$

　　第1製造部：5,592.5円/回×4回＝22,370円
　　第2製造部：5,592.5円/回×2回＝11,185円

3.5　第3次集計：製造部門費の製品への（予定）配賦

　各製造部門に集計された製造部門費は，一定の基準により各製品へ配賦し，

```
┌─────────┐        ┌─────────┐
│第1製造部門費├──┬──→│ 製 品 A │
└─────────┘  │ ┌→└─────────┘
             ╳ │   ┌─────────┐
┌─────────┐  │ ├──→│ 製 品 B │
│第2製造部門費├──┴─→└─────────┘
└─────────┘    │   ┌─────────┐
               └──→│ 製 品 C │
                   └─────────┘
```

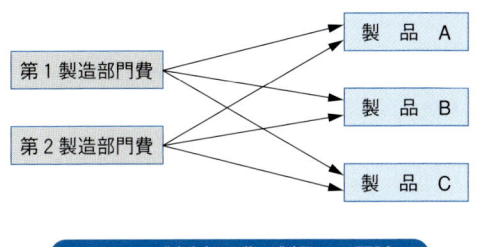

図3.6 製造部門費の製品への配賦

製造部門費配賦表を作成します。この手続を第3次集計と呼びます（図3.6）。この場合，製造部門費の実際発生額を配賦することもありますが，通常は予定配賦を行います。製造部門費を予定配賦する理由は，製造間接費の予定配賦の場合と同じで，経営活動の能率測定に役立てるためと原価算定の迅速性のためです。

> 設例3：製造部門の予定配賦額（第1製造部門120,000円，第2製造部門90,000円）を次の資料の直接作業時間を配賦基準として製品A，B，Cにそれぞれ配賦し，製造部門費配賦表を作成しなさい。

[資 料]

製 品	合 計	第1製造部門	第2製造部門
A	2,000時間	1,000時間	1,000時間
B	2,300時間	1,200時間	1,100時間
C	1,700時間	800時間	900時間
	6,000時間	3,000時間	3,000時間

3.5 第3次集計：製造部門費の製品への（予定）配賦

[解 答]

第1製造部門費の配賦

配賦率：$\dfrac{120,000 \text{円}}{3,000 \text{時間}} = 40 \text{円/時}$

第2製造部門費の配賦

配賦率：$\dfrac{90,000 \text{円}}{3,000 \text{時間}} = 30 \text{円/時}$

製造部門費配賦表
（単位：円）

製　品 (指図書)	第 1 製 造 部 門			第 2 製 造 部 門			配賦額合計
	配賦率	配賦基準	配賦額	配賦率	配賦基準	配賦額	
A	40 円/時	1,000 時間	40,000	30 円/時	1,000 時間	30,000	70,000
B	40 円/時	1,200 時間	48,000	30 円/時	1,100 時間	33,000	81,000
C	40 円/時	800 時間	32,000	30 円/時	900 時間	27,000	59,000
		3,000 時間	120,000		3,000 時間	90,000	210,000

❖ 設例の解説

　このように部門別計算では，製造間接費を製造部門毎に製品に配賦するのが通例ですが，部門毎ではなく単一の配賦率を使って製品に配賦することがあります。これを総括配賦といいます。総括配賦の配賦基準には直接作業時間の合計を使います。

総括配賦率：$\dfrac{210,000 \text{円}}{6,000 \text{時間}} = 35 \text{円/時}$

製造部門費配賦表
（単位：円）

製　品 (指図書)	第 1 製 造 部 門		
	配賦率	配賦基準	配賦額
A	35 円/時	2,000 時間	70,000
B	35 円/時	2,300 時間	80,500
C	35 円/時	1,700 時間	59,500
		6,000 時間	210,000

設例4:製造部門の予定配賦額が第1製造部門120,000円,第2製造部門90,000円であるとき,製造部門費の実際発生額を直接配賦法で計算した場合の原価差異を計算しなさい(設例2を使用する)。

[解 答]

設例2より

第1製造部門費の原価差異
予定配賦額120,000円−実際発生額128,750円=−8,750円(不利差異)

第2製造部門費の原価差異
予定配賦額90,000円−実際発生額83,250円=+6,750円(有利差異)

練 習 問 題

3.1 次の資料に基づいて,製造間接費部門別配賦表を完成させなさい。ただし,補助部門費の配賦は,直接配賦法によること。

[資 料]

	機械部門	組立部門	材料部門	修繕部門	事務部門	合　　計
修繕作業時間	120時間	80時間	14時間	—	6時間	220時間
従業員数	40人	60人	4人	6人	2人	112人
材料出庫額	1,400万円	400万円	—	100万円	—	1,900万円

製造間接費部門別配賦表 (単位:円)

費 目	配賦基準	合 計	製造部門		補助部門		
			機械部門	組立部門	材料部門	修繕部門	事務部門
部門個別費	—	1,934,000	900,000	398,000	152,000	198,000	286,000
部門共通費	従業員数	784,000					
部 門 費		2,718,000					
材料部門費							
修繕部門費							
事務部門費							
製造部門費							

3.2 次の資料に基づいて，第1次配賦は相互配賦法，第2次配賦は直接配賦法によって，補助部門費配賦表を完成させなさい。

[資料]

	切削部門	組立部門	材料倉庫部門	動力部門	事務部門	合　計
動力供給量	1,400kwh	500kwh	100kwh	—	—	2,000kwh
材料出庫額	60万円	36万円	—	4万円	—	100万円
従業員数	88人	100人	4人	6人	2人	200人

補助部門別配賦表

(単位：円)

費　目	合　計	製造部門		補助部門		
		切削部門	組立部門	材料倉庫部門	動力部門	事務部門
部　門　費	3,400,000	1,313,378	1,355,472	236,750	399,360	95,040
第1次配賦						
材料倉庫部門費						
動力部門費						
事務部門費						
第2次配賦						
材料倉庫部門費						
動力部門費						
製造部門費						

3.3 資料に基づいて，階梯式配賦法によって，補助部門費配賦表を完成させなさい。なお，補助部門費の配賦の順序は，①他補助部門へのサービス提供先数，②補助部門費の金額の順によること。

[資料]

	切削部門	組立部門	動力部門	修繕部門	事務部門
機械馬力時間	587h	500h	5h	—	—
修繕金額	450,000円	500,000円	50,000円	—	50,000円
従業員数	100人	50人	6人	4人	—

動力部門費　100,000 円
修繕部門費　 50,000 円
事務部門費　160,000 円

補助部門別配賦表　　　　　　　　　　（単位：円）

費目	合計	製造部門		補助部門		
		切削部門	組立部門	部門	部門	部門
部門費	1,060,000	400,000	350,000			
部門費						
部門費						
部門費						
製造部門費						

第 4 章

活動基準原価計算（ABC）

　前章で学んだ製造間接費の製品への配賦法は，配賦基準として操業度を採用していますから，操業度基準原価計算と呼ばれます。この方法は，20世紀初頭に開発され，在庫評価のためなどに広く用いられてきましたから，伝統的原価計算ともいわれます。

　伝統的原価計算は，少品種大量生産の時代，人作業中心の時代に実施されてきました。しかし現代の工場は，多品種少量生産の時代へ移り，機械作業中心となりました。生産管理部，購買部，情報システム部などの間接部門が，設備や人員を多数抱え，製品原価に占める間接費の割合が増大しました。そのため企業は，効率性を高め，また経済競争に勝つために，製造間接費配賦方法の改善を必要としていました。

　このような時代背景をともなって，1980年代の後半，製造間接費管理の方法として，活動基準原価計算（ABCと略される）がアメリカで誕生しました。そして，最近の日本でも，ABCをとりいれる企業がどんどん増えているのです。

　本章では，もう一つの製造間接費配賦法として生まれた活動基準原価計算は，どのような原価計算法なのかについて学んでいきましょう。

○ KEY WORDS ○
活動（アクティビティ），経営資源（リソース），
原価計算対象（コストオブジェクト），
資源作用因，活動作用因，原価作用因（コスト・ドライバー），
コスト・プール，活動原価率（チャージ・レート）

4.1　活動基準原価計算とは

　活動基準原価計算（Activity-Based Costing，以下 ABC）は，文字通りに訳すと，会社の活動（Activity）をベースにした（Based）原価計算（Costing）ということです。その目的は，正確な製品原価の計算やサービスコストの計算にあり，伝統的原価計算よりも正確な原価を計算できると主張されています。つまり，ABC の最も大きな特徴は，製品製造を支援する活動から生じる（あるいは活動を維持するために生じる）製造間接費の配賦方法を工夫した点にあります。製造直接費の計算は，伝統的原価計算と同じなのです。

　ABC は，原価計算対象（コストオブジェクト，製品やサービスなど）へ製造間接費を集計する際に，活動の消費量を経営資源の消費量に応じて配分する方法です。そのため，すべての活動を明確に区別し，原価計算対象へ，いかほどの活動産出量が算入されるのかを，活動別に決定しておく必要があります。伝統的原価計算は，製造間接費を直課できない原価としますが，ABC は，製造間接費を活動に対して消費される原価と考えています。ABC は，製造間接費を部門別に集計することをやめて，製造間接費の集計単位として活動という概念を使うのです。

4.2　活動基準原価計算の計算方法

　ABC は，製造間接費を，①経営資源から活動センター（活動センターを細分したものをコスト・プールという）に，②活動センターまたはコスト・プールから原価計算対象に，と2段階のステップを経て配分計算します。

　①の段階の原価配分基準（伝統的原価計算では，部門費を製品へ配賦する

```
                                STEP1              STEP2
    ┌──────────┐         ┌──────────────┐      ┌──────────┐
    │ 製造間接費 │  ───►  │  活動センター  │ ───► │原価計算対象│
    └──────────┘         │              │      │          │
         │               │ ┌──────────┐ │      │          │
         ▼               │ │ コストプール│ │      │          │
    「活動」に対して        │ │──────────│ │      │          │
    消費される原価         │ │──────────│ │      │          │
       である              │ └──────────┘ │      │          │
                         └──────┬───────┘      └──────────┘
                                │
    原価配分基準 ─── 資源作用因 ──┘         活動作用因
```

図4.1　活動基準原価計算

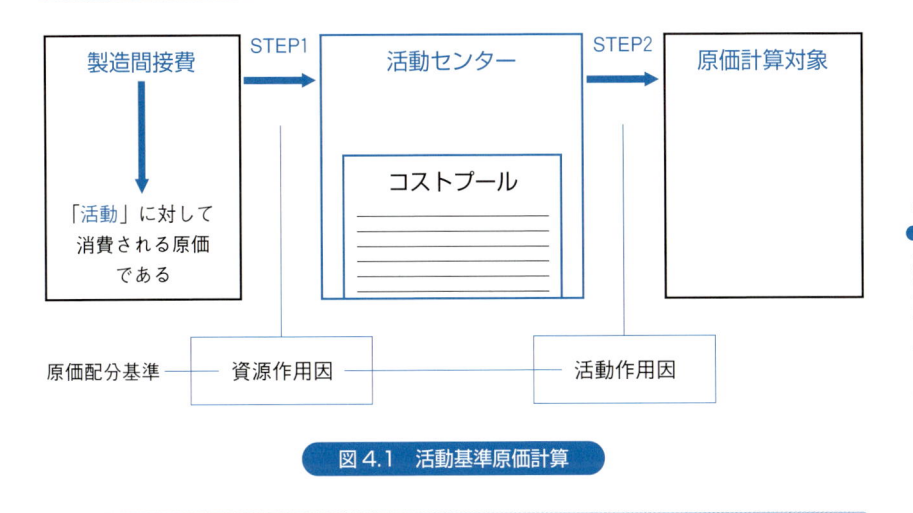

計算の基準とほぼ同じ）を資源作用因（resource driver）といい，②の段階の原価配分基準（伝統的原価計算では，直接作業時間や機械運転時間に相当する）を活動作用因（activity driver）または原価作用因（cost driver：コスト・ドライバー）といいます（図4.1）。

○ 経営資源，活動，原価計算対象とは

　ABCは，経営資源，活動，原価計算対象の3つの概念と考え方を理解することが大切です。

　経営資源（リソース）とは，材料，従業員，諸設備などです。この経営資源を使用すると原価が発生します。

　ABCは，企画，製造，販売，アフターサービスなどの活動（アクティビティ）を行うために，材料，従業員，設備などの経営資源を使用すると考えます。このときさまざまな原価が発生しますが，製造間接費については，活動を支援したり維持したりする原価と考えています。

ABCが考える原価計算対象（コストオブジェクト）とは，製品別・サービス別の他に，部門別，販売地域別，得意先別，販売チャネル別，注文書別など原価を集計計算したい単位のことです。

そして特に重要な点は，ABCは，活動が経営資源を消費し，原価計算対象が活動を消費すると考えることです。

○ ABCによる製造間接費の計算手順

ABCによる製造間接費の計算手順は，おおよそ次のとおりです（図4.2）。

(1) すべての製造間接費の発生と活動との関連を明確に区別します。
(2) 活動センターあるいはコスト・プールへ製造間接費を集計します。
(3) 活動センターあるいはコスト・プールの製造間接費発生原因であるコスト・ドライバーを決定します。
(4) 各コスト・ドライバーごとの製造間接費の活動原価率（チャージ・レート）を計算します。活動原価率とは，コスト・ドライバー1単位当たりのコスト・プールに集計された製造間接費のことで，コスト・プール

① 経営資源から活動に配分する（第1段階の配分計算）
【経営資源の消費を】　製造間接費A　製造間接費B　製造間接費C
《資源作用因を使用して》
【活動センターへ】　コストプールa　コストプールb　コストプールc

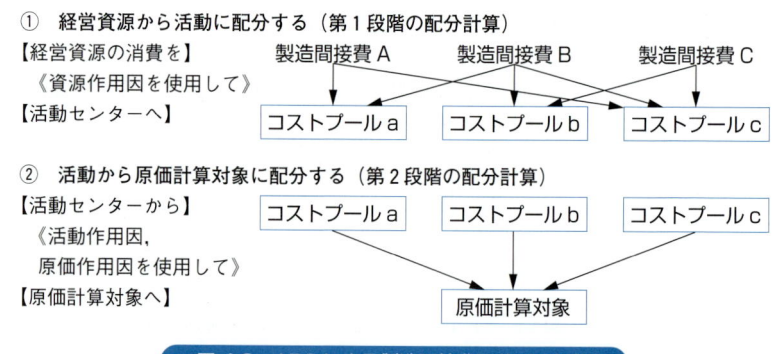

② 活動から原価計算対象に配分する（第2段階の配分計算）
【活動センターから】　コストプールa　コストプールb　コストプールc
《活動作用因，
原価作用因を使用して》
【原価計算対象へ】　　　　　原価計算対象

図4.2　ABCによる製造間接費配分の図解例

に集計された製造間接費を同期間のコスト・ドライバーの総量で割って求めます。
(5) 原価計算対象（製品など）が消費したコスト・ドライバー量によって製造間接費を配分します。

4.3　伝統的原価計算と ABC による計算

次に，簡単な計算例を使用して，伝統的原価計算と ABC による計算方法との相違点を見てみましょう。製造間接費の取り扱いに注目して下さい。

> 設例 1：S 社は製品 A と製品 B の 2 種類の製品を生産している。製品 A は S 社の看板商品で，従来から売れ行きもよく，利益に貢献してきた。製品 B は新規開発商品で，まだ市場において人気はないが，できれば製品 B の売上を伸ばして行きたいと S 社は考えている。そこで，製品 A と製品 B の製品単価を，伝統的原価計算法と ABC による計算法で計算しなさい。
> 製品 A と製品 B の原価および生産データは次のとおりである。

[資　料]
1. 原価データ

	製品 A	製品 B
直接材料費（製品 1 単位当たり）	140 円	250 円
直接労務費（製品 1 単位当たり）	90 円	200 円
製造間接費	2,720,000 円	
（内訳）		
裁断加工費	1,000,000 円	
組立加工費	1,400,000 円	
段 取 費	200,000 円	
購買活動費	120,000 円	

2．生産データ

	製品A	製品B
販売単価	2,000 円	2,700 円
完成品数量	2,400 単位	700 単位
直接作業時間数	7,200 時間	2,800 時間
機械運転時間数	600 時間	650 時間
部品数	300 個	400 個
作業指示数	10 回	15 回
発注回数	3 回	7 回

[解　答]

① 伝統的原価計算による製品原価の計算結果（製造間接費は直接作業時間数で配賦）

	製品A	製品B
直接材料費	336,000 円*1	175,000 円
直接労務費	216,000　　*2	140,000
製造間接費	1,958,400　　*3	761,600
合　　計	2,510,400 円	1,076,600 円
製品単価	1,046 円	1,538 円

*1　140 円×2,400

*2　90 円×2,400

*3　2,720,000 円÷(7,200＋2,800)×7,200

② ABCによる製品原価の計算結果（製造間接費は，裁断加工費を機械運転時間数で，組立加工費を部品数で，段取費を作業指示数で，購買活動費を発注回数で配分している）

	製品A	製品B
直接材料費	336,000 円	175,000 円
直接労務費	216,000	140,000
製造間接費		
裁断加工費	480,000　　*1	520,000
組立加工費	600,000　　*2	800,000
段取費	80,000　　*3	120,000
購買活動費	36,000　　*4	84,000
合　　計	1,748,000 円	1,839,000 円
製品単価	728.3 円	2,627.1 円

*1　1,000,000 円÷（600＋650）×600
　　　　└──活動原価率──┘
*2　1,400,000 円÷（300＋400）×300
*3　200,000 円÷（10＋15）×10
*4　120,000 円÷（3＋7）×3

❖ 設例の解説

　伝統的原価計算による製品Ａの製品単価は1,046円，製品Ｂの製品単価は1,538円とそれぞれなりました。そして，製造間接費が，製品Ａへは製品Ｂの約2.5倍配賦されていることが分かります。また，単位当たり利益は，製品Ａが954円（2,000円－1,046円），製品Ｂが1,162円（2,700円－1,538円）となります。この結果を見ると，新規商品である製品Ｂの販売に力を入れた方が，利益率が高いように思われます。

　一方，ABCによる製品Ａの製品単価は728.3円，製品Ｂの製品単価は2,627.1円となりました。そして，製造間接費が製品Ｂへは製品Ａの約1.3倍配賦されており，伝統的原価計算とは大小が逆の結果になっていることが分かります。また，単位当たり利益は，製品Ａが1,271.7円（2,000円－728.3円），製品Ｂが72.9円（2,700円－2,627.1円）となります。この結果を見ると，製品Ａの方が利益率が高く，販売がまだ十分利益を生んでおり，製品Ｂの生産へ急いで切り替えるほどではないように思われます。

4.4　伝統的原価計算とABCの比較

　ABCの主張は，この伝統的原価計算の計算結果は誤りであると指摘しています。それは，段取費や購買活動費のように，生産量と比例しない原価が含まれているのに，伝統的原価計算は直接作業時間のような操業度を基準として，製造間接費を一括配賦しているからというものです。そのため，伝統的原価計算による結果は，誤った意思決定を招いてしまうとしています。

　ABCの計算法は，製造間接費を，活動の消費量をよりよく表すさまざまな基準で配分しようとするものですが，その計算結果から次のような常識的な結論を導き出すことができます。

○ 新製品の生産には，多額の製造間接費が生じる

　新規開発製品は，開発段階や生産開始時に多額の製造間接費を生じますが，開発時にはそれほど生産量を伸ばしません。このような新規製品から生じる製造間接費は，生産量の少ない新規製品へ配賦することが妥当と考えられます。ABC の計算は，この新製品の生産には，多額の製造間接費が生じるという，常識的な結論を導き出すことができます。そのため ABC は当初，赤字製品から撤退するための，製品戦略として盛んに用いられました。

　伝統的原価計算では，製造間接費を一括計上して製品へ配賦するので，大量生産される製品へ，製造間接費が数量基準によってより多く配賦されてしまうのです。その結果，利益は実際より小さく表示されることになります。

○ 新製品の部品数が多く，作業が複雑だと高い原価になる

　ABC の計算は，新規開発製品について，部品数が多く，複雑な作業を要することが多いと，より高い単価を示すという，常識的な結論を導き出すことができるのです。反対に，部品数を極力減らし，作業を単純化すると，より低い単価となるのが分かります。伝統的原価計算は，どのようにして原価が発生するのかという，原因を見る視点を欠いていましたが，ABC は生産工程の中まで踏み込んだ原価計算です。ABC が盛んに活用されている理由が，ここにもあるのです。

練 習 問 題

4.1　次の文章の（　）内に適切な用語を記入しなさい。
　（　①　）は ABC とも略称され，（　②　）年代後半になってから，にわかに注目され始めた原価計算である。ABC 主張者によると，（　③　）は正確な原価の計算をしておらず，ゆがめられた製品原価を計算していると指摘されている。それに対して ABC は，製品製造や顧客サポートなどへ原価を跡付けるとき，活動の消費

量を（ ④ ）の消費量に応じて配分する方法である。ABCは当初，赤字製品から撤退するための製品（ ⑤ ）として盛んに用いられた。

4.2 T社は製品A・B・C・Dの4種を生産販売している。次の資料に基づいて4種の製品の8月中の製造原価を各問別に計算しなさい。

(問) 1. 伝統的原価計算による方法（配賦基準は直接作業時間）
(問) 2. ABCによる方法

[資 料]

1. 直接材料費

	製品A	製品B	製品C	製品D
消 費 量	240個	180個	120個	150個
予定消費単価	@3,000円/個			

2. 直接労務費

	製品A	製品B	製品C	製品D
直接作業時間	120時間	90時間	120時間	150時間
予定消費賃率	@6,000円/時			

3. 製造間接費

	8月の実際製造間接費	配分基準
段 取 費	476,400円	直接作業時間
修 繕 費	75,600	修繕回数
組 立 費	13,200	指図書枚数
梱 包 費	10,800	配送回数

4. コスト・ドライバー

	製品A	製品B	製品C	製品D
直接作業時間	?	?	?	?
修 繕 回 数	12	18	30	48
指図書枚数	15	12	3	3
配 送 回 数	180	120	36	24

練習問題

第5章

総合原価計算

　総合原価計算では，投入（インプット）された原価要素（直接材料費・加工費）が完成品と未完成の仕掛品とに産出（アウトプット）されるという過程を捉えることを目的とした原価計算です。
　そこでポイントになるのは，月末仕掛品の評価です。なぜなら，月末仕掛品の評価額によって完成品原価が左右されるためです。また，仕損や減損があるために月末仕掛品の評価はさらに複雑になります。仕損費や減損費を完成品と仕掛品でどう負担するかによって月末仕掛品原価の計算がどうなるのかについても理解しましょう。

○ *KEY WORDS* ○
仕掛品，加工費，進捗度，平均法，
先入先出法，後入先出法，
仕損，減損，度外視法，非度外視法

5.1　総合原価計算の意義

　総合原価計算とは，**一原価計算期間（通常は1カ月）における完成品の総合原価を算定し，これをその期間の完成品数量で割って，一単位当たりの製品原価を計算する方法**をいいます。

　たとえば，ある期間の製造原価合計が700,000円で，同期間の製品生産量が100単位であるとすると，その製品の単位原価は700,000円÷100＝7,000円となります。これが総合原価計算の基本的な考え方です。しかし，現実には，原価計算期末には完成品の他にまだ製造工程にある仕掛品が存在します。この月末仕掛品の評価のために総合原価計算はより複雑になります。したがって，総合原価計算の学習のポイントは，月末仕掛品の評価に習熟することにあるといえます。

　総合原価計算は，標準規格品を連続して大量生産する業種に適用されます。典型的な業種としては，たとえば，繊維，パルプ，石油，自動車製造業をあげることができます。

5.2　月末仕掛品の評価

○ 基本事項

　総合原価計算では，月初仕掛品原価に当月製造費用を加えた総製造費用から，月末仕掛品原価を差引いて完成品総合原価を求め，これを完成品数量で割って完成品単位原価を求めます（図5.1参照）。

仕　掛　品

①月初仕掛品原価	完成品総合原価
②当月製造費用	
	③月末仕掛品原価
（インプット）	（アウトプット）

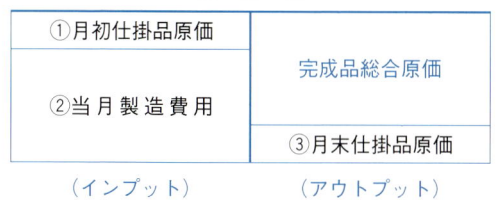

図5.1　仕掛品勘定

> ①月初仕掛品原価＋②当月製造費用－③月末仕掛品原価
> ＝完成品総合原価

　このため，総合原価計算では完成品原価の算定のためには，月末仕掛品が合理的に評価されることが必要になってきます。

　個別原価計算では原価計算期末に未完成の指図書に集計された製造費用を仕掛品評価額とするので，仕掛品の計算自体があまり問題となりませんでした。これに対し，総合原価計算では，原価計算期末において未完成の生産量に配分された製造費用が月末仕掛品原価となるために，すなわち完成品原価が月末仕掛品の評価に左右されるので，その計算がきわめて重要となるのです。

　月末に仕掛品があれば，その仕掛品の原価も計算しなくてはなりません。しかし，完成品と仕掛品では同じ１単位でも単位当たりの原価負担額が異なるのが当然です。もっとも直接材料（原料）がすべて製造工程の始点で投入される場合には，直接材料費の単位当たり負担額は完成品と仕掛品とでは同額になります。この場合，直接材料費を除く製造費用（これを加工費といいます）について，完成品と仕掛品の単位当たり負担額が異なることになります。総合原価計算について学習するときは，このように原価要素を直接材料

費と加工費とに分けて，月末仕掛品と当月完成品とに原価を配分するのが慣例となっています。

　加工費を月末仕掛品と当月完成品とに配分する場合に，完成品一単位に対する仕掛品一単位の原価の負担割合を表す尺度を**進捗度**（あるいは**進捗率**，**加工進捗度**）といいます。製造工程の始点（製造着手時）を0％，終点（完成時）を100％として，加工がどの程度進んだかを示すのが進捗度であり，同時に完成品に対する仕掛品の原価の負担割合を示します。このように，原価の配分に当たっては，月末仕掛品数量に進捗度を掛けて，完成品数量に換算します。

> 月末仕掛品換算量＝月末仕掛品数量×進捗度

> **設例1**：A工場のある月の加工費は700,000円，月末仕掛品数量が20単位（進捗度50％），当月完成品数量が60単位であった。当月完成品加工費単位原価を求めなさい。

[解　答]

当月完成品加工費単位原価 10,000円

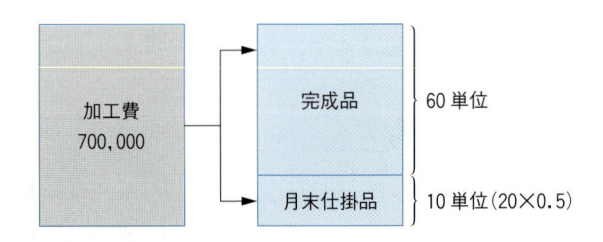

| 加工費 700,000 | 完成品 | 60単位 |
| | 月末仕掛品 | 10単位（20×0.5） |

❖ 設例の解説

　まず，月末仕掛品数量を完成品の数量に換算します。月末仕掛品1単位は完成品の50％の原価を負担するので，月末仕掛品20単位では，20×0.5＝10となり，完成品10単位分の原価を負担することになります。したがって，当月完成品加工費単位原価は，

700,000 円÷(20×0.5+60)＝10,000 円

と計算されます。

◯ 月末仕掛品の評価方法

月末仕掛品の評価方法には次のものがあります。

(1) 全部原価評価法

全部原価評価法は全部の原価要素で仕掛品を評価するもので最も優れた方法です。原則的にはこの方法で行われます。

(2) 部分原価評価法

部分原価評価法は直接材料費など一部の原価要素のみで評価する方法であり，加工費について月末仕掛品の完成品換算量を計算することが困難な場合に用いられます。この方法で評価される仕掛品原価は過小評価となります。

(3) 無評価法

無評価法は仕掛品をゼロと評価する方法であり，月末仕掛品数量が毎期ほぼ一定であるような場合に認められます。

(4) 予定原価法または正常原価法

予定原価法・正常原価法は仕掛品を予定原価または正常原価で評価する方法であり，その必要がある場合に認められます。

◯ 完成品換算生産量

図5.1の仕掛品勘定は借方の月初仕掛品原価＋当月製造費用（総製造費用：インプット）と貸方の完成品総合原価＋月末仕掛品原価（アウトプット）が金額的に等しくなることを表しています。

> 月初仕掛品原価＋当月製造費用＝完成品総合原価＋月末仕掛品原価

この関係は数量的にも成り立ちます。それを確認するためには**完成品換算生産量**（または**等価生産量**）という概念を用います。ここで，完成品換算生産量とは，当月に発生した製造費用によって，どれだけ完成品に相当する生産が行われたかを示す数量であり，次の式によって求められます。

> 完成品換算生産量＝完成品数量＋月末仕掛品数量×進捗度
> 　　　　　　　　　－月初仕掛品数量×進捗度

それでは，数値例を使って具体的に見ていきましょう。

月初仕掛品数量50個（進捗度40％），当月投入数量180個，月末仕掛品数量70個（進捗度60％），当月完成品数量160個とすると，当月完成品換算生産量は次のようになります。

　　　完成品換算生産量＝160個＋70個×0.6－50個×0.4＝182個

このときの数量関係を図に示すと図5.2のようになります。

図5.2と図5.1の対応関係を見ると，借方の月初仕掛品換算量に対応するのが月初仕掛品原価であり，当月完成品換算生産量に対応するのが当月製造費用となることが分かります。

総合原価計算における勘定連絡図は図5.3のようになります。

仕　掛　品

月初仕掛品換算量 20個	当月完成品数量 160個
当月完成品換算生産量 182個	
	月末仕掛品換算量 42個

図5.2　完成品換算生産量

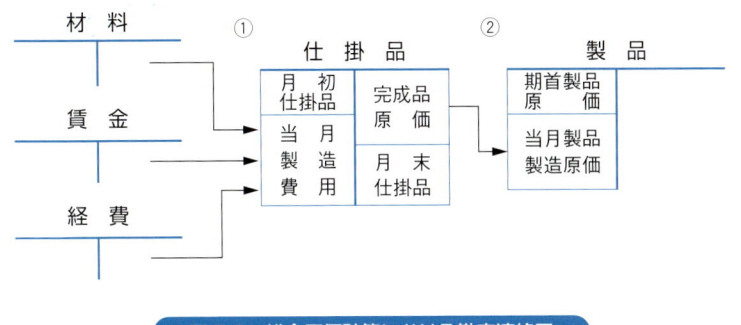

図5.3　総合原価計算における勘定連絡図

◯ 全部原価評価法による月末仕掛品の評価

　月末仕掛品は次月に繰り越され，次月の月初仕掛品となります。したがって，月初仕掛品原価は前月末の仕掛品原価です。月初仕掛品に集計された前月の原価と，当月の製造費用とではその発生の仕方が異なるのが通例です。そこで，月初仕掛品原価と当月製造費用を，月末仕掛品換算量と当月完成品数量とに対応させながら，月末仕掛品原価と完成品原価とに配分するために，平均法，先入先出法，後入先出法といった方法が適用されます。これらの方法は，第2章2.1節で説明した用語と同じですが，計算目的や計算方法が全く異なっている点に注意して下さい。

(1) 平　均　法

　平均法は，直接材料費，加工費，それぞれ前月からの繰越原価（月初仕掛品原価）と当月の原価を合算して平均単位原価を計算し，それを用いて月末仕掛品原価，完成品原価を計算する方法です。

　図5.1を借方（投入面：インプット），貸方（産出面：アウトプット）に分解すると図5.4のようになります。

　また，計算式で示すと，次のようになります。

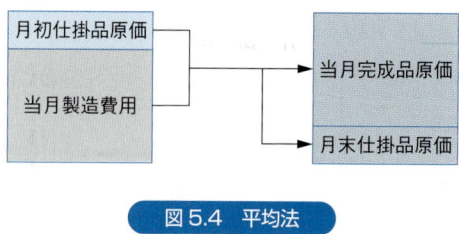

図5.4　平均法

$$月末仕掛品原価 = \frac{月初仕掛品原価 + 当月製造費用}{完成品数量 + 月末仕掛品換算量} \times 月末仕掛品換算量$$

　月末仕掛品原価は直接材料費と加工費とに分けて計算します。直接材料が製造の始点で投入される場合は，上式の換算量を数量として計算します（これは以下の方法でも同様です）。

　上式の第1項（分数の部分）で平均単価を求めていることが分かります。月末仕掛品原価が計算されると，

　　　月初仕掛品原価＋当月製造費用－月末仕掛品原価＝完成品総合原価

の式によって完成品総合原価が求められます（これは以下の方法でも同様です）。

(2) 先入先出法

　先入先出法は，先に製造したものから先に完成すると仮定して計算する方法です。したがって，月初仕掛品原価はすべて完成品の原価に算入し，当月製造費用を，完成品数量から月初仕掛品の完成品換算量を差引いた数量と月末仕掛品の完成品換算量との比によって，完成品と月末仕掛品とに配分して月末仕掛品原価，完成品原価を計算する方法です。

　図5.1を借方，貸方に分けて図解すると図5.5のようになります。
　また，計算式で示すと，次のようになります。

```
┌─────────────────┐    ┌─────────────────┐
│ 月初仕掛品原価   │───→│ 当月完成品原価   │
│                 │  ┌→│                 │
│                 │  │ ├─────────────────┤
│ 当月製造費用     │──┤  │ 当月完成品原価   │
│                 │  │ ├─────────────────┤
│                 │  └→│ 月末仕掛品原価   │
└─────────────────┘    └─────────────────┘
```

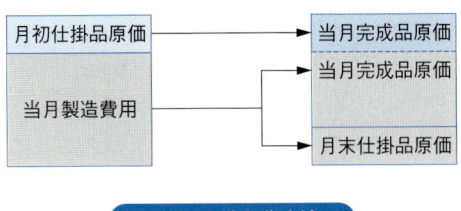

図5.5　先入先出法

$$月末仕掛品原価 = \frac{当月製造費用}{完成品数量 - 月初仕掛品換算量 + 月末仕掛品換算量} \times 月末仕掛品換算量$$

　上式の第1項の分母は当月完成品換算生産量になっています。これは，先入先出法では月末仕掛品原価の計算のために，当月製造費用を月末仕掛品原価，完成品原価とに配分する計算が必要だからです。つまり，この式の第1項（分数部分）は，当月完成品換算生産量単位当たりの当月製造費用額を求めているわけです。

　先入先出法において，当月完成品原価を月初仕掛品完成分と当月着手完成分とに分けて計算する場合があり，これを**純粋先入先出法**といいます。これに対し，その区別をせずに当月完成品原価をひとまとめにして計算する上記のような方法を**修正先入先出法**といいます。

(3) 後入先出法

　後入先出法は，後に製造したものから先に完成すると仮定して計算する方法です。

　後入先出法は，月初仕掛品と月末仕掛品の換算量の大小によって，3つのケースに分けて説明されます。それは，総合原価計算では，先に月末仕掛品原価を計算するので，月初と月末の仕掛品の数量関係で場合分けを行うからです。

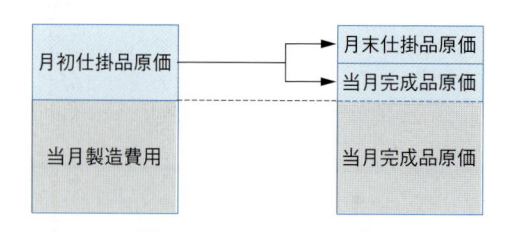

図5.6　後入先出法①（月初仕掛品換算量＞月末仕掛品換算量）

① 月初仕掛品換算量＞月末仕掛品換算量の場合

この場合は，月初仕掛品原価の一部で月末仕掛品原価を計算するので，次の式で月末仕掛品原価が計算されます（図5.6）。

$$月末仕掛品原価 = 月初仕掛品原価 \times \frac{月末仕掛品換算量}{月初仕掛品換算量}$$

② 月初仕掛品換算量＝月末仕掛品換算量の場合

この場合は，月初仕掛品がそのまま月末仕掛品とみなされるので，月初仕掛品原価がそのまま月末仕掛品原価となります。

$$月初仕掛品原価 = 月末仕掛品原価$$

③ 月初仕掛品換算量＜月末仕掛品換算量の場合

この場合は，月初仕掛品原価はすべて月末仕掛品原価となりますが，それだけでは足りないので，当月製造費用からも月末仕掛品換算量が月初仕掛品換算量を超過する部分に相当する額を月末仕掛品原価に配分します（図5.7）。

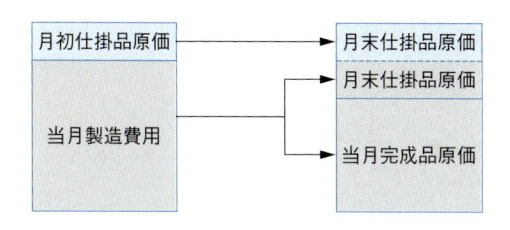

図5.7 後入先出法②（月初仕掛品換算量＜月末仕掛品換算量）

$$月末仕掛品原価 = 月初仕掛品原価 + \frac{当月製造費用}{完成品数量 + 月末仕掛品換算量 - 月初仕掛品換算量} \times (月末仕掛品換算量 - 月初仕掛品換算量)$$

この式でも第2項（分数部分）の分母が完成品換算量になっている点に注意しましょう。先入先出法の場合と同様に完成品換算量単位当たりの当月製造費用額を計算して、その月末仕掛品原価相当分を求めます。それに、月初仕掛品原価を加えると月末仕掛品原価が計算されます。

設例2：次の資料に基づいて、①平均法、②先入先出法、③後入先出法のそれぞれの方法により月末仕掛品原価と当月完成品原価を求めなさい。

[資　料]

月初仕掛品		完成品数量	1,000kg
数　　量	150kg（進捗度80%）	月末仕掛品数量	200kg（進捗度40%）
原　料　費	20,000円		
加　工　費	12,800円		
当月製造費用			
原　料　費	100,000円		
加　工　費	160,000円		

5.2 月末仕掛品の評価

＊1 ただし，原料は工程の始点ですべて投入される。
＊2 計算上円未満が生じる場合には切り捨てる。

[解　答]
①平均法
　　月末仕掛品原価　　32,800 円
　　当月完成品原価　260,000 円
②先入先出法
　　月末仕掛品原価　　32,380 円
　　当月完成品原価　260,420 円
③後入先出法
　　月末仕掛品原価　　33,294 円
　　当月完成品原価　259,506 円

❖ 設例の解説
　① 平均法

$$月末仕掛品の原料費 = \frac{20{,}000\text{円} + 100{,}000\text{円}}{1{,}000\text{kg} + 200\text{kg}} \times 200\text{kg} = 20{,}000\text{円}$$

$$月末仕掛品の加工費 = \frac{12{,}800\text{円} + 160{,}000\text{円}}{1{,}000\text{kg} + 200\text{kg} \times 0.4} \times 200\text{kg} \times 0.4 = 12{,}800\text{円}$$

　　よって，月末仕掛品原価 32,800 円

　　　当月完成品原価 = 20,000 円 + 12,800 円 + 100,000 円 + 160,000 円 − 32,800 円
　　　　　　　　　　= 260,000 円

　② 先入先出法

$$月末仕掛品の原料費 = \frac{100{,}000\text{円}}{1{,}000\text{kg} - 150\text{kg} + 200\text{kg}} \times 200\text{kg} = 19{,}047\text{円}$$

$$月末仕掛品の加工費 = \frac{160{,}000\text{円}}{1{,}000\text{kg} - 150\text{kg} \times 0.8 + 200\text{kg} \times 0.4} \times 200\text{kg} \times 0.4$$
$$= 13{,}333\text{円}$$

　　よって，月末仕掛品原価 32,380 円

　　　当月完成品原価 = 20,000 円 + 12,800 円 + 100,000 円 + 160,000 円 − 32,380 円
　　　　　　　　　　= 260,420 円

　③ 後入先出法

　　月末仕掛品の原料費は，月初仕掛品換算量 150kg ＜ 月末仕掛品換算量 200kg より，

$$月末仕掛品の原料費 = 20{,}000\text{円} + \frac{100{,}000\text{円}}{1{,}000\text{kg} + 200\text{kg} - 150\text{kg}}$$
$$\times (200\text{kg} - 150\text{kg})$$

$$=24{,}761\text{ 円}$$

月末仕掛品の加工費は，月初仕掛品換算量120kg＞月末仕掛品換算量80kgより，

$$\text{月末仕掛品の加工費}=12{,}800\text{ 円}\times\frac{80\text{kg}}{120\text{kg}}=8{,}533\text{ 円}$$

よって，月末仕掛品原価33,294円

　　当月完成品原価＝20,000円＋12,800円＋100,000円＋160,000円－33,294円
　　　　　　　　　＝259,506円

◯ 仕損・減損の計算と処理

　生産の際に不良品が発生する仕損や，加工中に蒸発，紛散，ガス化等によって生じる減損の存在も総合原価計算を複雑にする要因となります。仕損に仕損品の評価という問題がある以外，仕損費と減損費の計算は基本的に同じです。仕損費の計算には，度外視法と非度外視法という2つの方法があります。

1．度外視法

　まず，度外視法は，仕損費を特に分離計算することなく，完成品原価と月末仕掛品原価の両方に，あるいは完成品原価のみに仕損費を算入する方法です。ただし，仕損が異常なものであって，仕損費を非原価項目として処理する場合には，異常仕損費として分離計算することが必要となるので，3種類の計算方法があることになります。次の例題によってこの3つの計算方法を考えてみましょう。

> 設例3：当月の直接材料費は220,000円であり，当月完成品700kg，月末仕掛品300kg，仕損品100kgであった。原価要素は，直接材料費だけであり，直接材料は工程の始点で全量投入しているとする。次の3つの場合に分けて，月末仕掛品原価と完成品原価を求めなさい。
> 　① 仕損費を完成品原価と月末仕掛品原価の両方に負担させる場合
> 　② 仕損費を完成品原価のみに負担させる場合
> 　③ 異常仕損費であるとして分離計算する場合

[解　答]
① 月末仕掛品原価 66,000 円，完成品原価 154,000 円
② 月末仕掛品原価 60,000 円，完成品原価 160,000 円
③ 月末仕掛品原価 60,000 円，完成品原価 140,000 円，異常仕損費 20,000 円

❖ 設例の解説

原価要素が直接材料費だけであり，かつ工程の始点で全量投入しているので，月末仕掛品，仕損品の進捗度にかかわりなく，原価の配分はそれぞれの数量に応じて行われます。

① 仕損費を完成品原価と月末仕掛品原価の両方に負担させる場合

この場合，月末仕掛品原価の計算は，仕損品がない場合と全く変わりません。つまり計算上，仕損品は無視して構いません（図5.8）。

$$月末仕掛品原価 = \frac{220{,}000\ 円}{700\text{kg} + 300\text{kg}} \times 300\text{kg} = 66{,}000\ 円$$

$$完成品原価 = \frac{220{,}000\ 円}{700\text{kg} + 300\text{kg}} \times 700\text{kg} = 154{,}000\ 円$$

② 仕損費を完成品原価のみに負担させる場合

今度は，仕損費を完成品原価のみに負担させるために，仕損品数量を認識し完成品数量に加えて原価配分を行います。

$$月末仕掛品原価 = \frac{220{,}000\ 円}{700\text{kg} + 300\text{kg} + 100\text{kg}} \times 300\text{kg} = 60{,}000\ 円$$

$$完成品原価 = \frac{220{,}000\ 円}{700\text{kg} + 300\text{kg} + 100\text{kg}} \times (700\text{kg} + 100\text{kg}) = 160{,}000\ 円$$

③ 異常仕損費であるとして分離計算する場合

この場合は，異常仕損費を原価外に取り出す必要があるので，月末仕掛品，完成品，異常仕損品それぞれの数量比によって原価配分します（図5.9）。

$$月末仕掛品原価 = \frac{220{,}000\ 円}{700\text{kg} + 300\text{kg} + 100\text{kg}} \times 300\text{kg} = 60{,}000\ 円$$

$$完成品原価 = \frac{220{,}000\ 円}{700\text{kg} + 300\text{kg} + 100\text{kg}} \times 700\text{kg} = 140{,}000\ 円$$

$$異常仕損費 = \frac{220{,}000\ 円}{700\text{kg} + 300\text{kg} + 100\text{kg}} \times 100\text{kg} = 20{,}000\ 円$$

3つのケースの計算結果をまとめると次のようになります（図5.10）。

①のケースでは，仕損費20,000円分が完成品数量(700kg)と月末仕掛品数量(300kg)の比によって，14,000円と6,000円とにそれぞれ按分されているのが確認できます。

ところで，仕損費を完成品と月末仕掛品の両者に負担させるか，完成品のみに負担させるかはどのように決まるのでしょうか。一般には，仕損品の発生した進捗度

と月末仕掛品の進捗度とを比較して決められます。

まず，「仕損品の進捗度≦月末仕掛品の進捗度」の場合には，完成品と月末仕掛品の両者に負担させます。

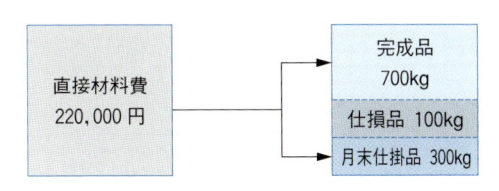

図5.8　仕損費の計算（度外視法）

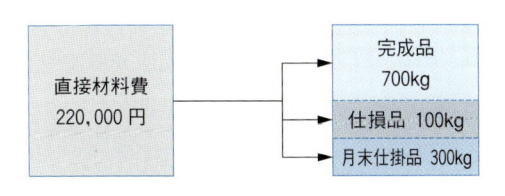

図5.9　異常仕損費の計算

図5.10　3つのケースのまとめ

また,「仕損品の進捗度＞月末仕掛品の進捗度」の場合には,完成品のみに負担させます。
　厳密には以上のように決められますが,便宜上,次のように決められる場合もあります。

- 仕損品が工程の始点または途中で発生した場合,仕掛品の進捗度に関係なく両者負担とする。
- 仕損品が工程の終点で発生した場合,完成品のみに負担させる。

2. 非度外視法

それでは,次に非度外視法について説明しましょう。非度外視法は,仕損が正常なものであっても,仕損費を分離計算して把握し,その後,月末仕掛品原価と完成品原価の両方に,あるいは完成品原価のみに追加配賦する方法です。度外視法では,仕損費を直接材料費と加工費という要素ごとに,月末仕掛品原価と完成品原価の両方に,あるいは完成品原価のみに算入しますが,非度外視法では,仕損費をひとまとめにして追加配賦します。そのため,度外視法と非度外視法では計算結果が異なる場合があります。

　仕損品が売却可能であったり,自家消費可能であれば,その売却見積額や他の物品購入節約見積額に基づいて仕損品評価額を決定します。仕損品評価額は仕損費から控除して正味の仕損費を計算します。

> 仕損費＝仕掛品原価－仕損品評価額

5.3　単純総合原価計算表

単純総合原価計算表は,総合原価計算による計算方法をよく表しています（図5.11）。この原価計算表を見ると,総合原価計算では特に仕掛品原価が

単純総合原価計算表

摘　　要	素 材 費	加 工 費	合　　計
当月製造費用			
材　料　費	1,000,000	300,000	1,030,000
労　務　費		200,000	200,000
経　　　費		170,000	170,000
計	1,000,000	400,000	1,400,000
月初仕掛品原価	300,000	200,000	500,000
合　計	1,300,000	600,000	1,900,000
月末仕掛品原価	173,333	26,471	199,804
完 成 品 原 価	1,126,667	573,529	1,700,196
完 成 品 数 量	510kg	510kg	510kg
単 位 原 価	2,209	1,125	3,334

図5.11　単純総合原価計算表の例

重要な部分を占めていることが分かります。単純総合原価計算表は，当月の材料費，労務費，経費を加えて当月製造費用を求め，これに月初仕掛品原価を加えてから，月末仕掛品原価を差し引いて完成品原価を算出します。それを当月の完成品数量で割って単位原価を求めるように作成しています。

5.4　総合原価計算の分類

　総合原価計算は，生産形態の違いに対応して，単純総合原価計算，等級別

```
                              ┌─ 単一工程単純総合原価計算
              ┌─ 単純総合原価計算 ─┤
              │               └─ 工程別単純総合原価計算
              │
              │               ┌─ 単一工程等級別総合原価計算
総合原価計算 ─┼─ 等級別総合原価計算 ┤
              │               └─ 工程別等級別総合原価計算
              │
              │               ┌─ 単一工程組別総合原価計算
              └─ 組別総合原価計算 ─┤
                              └─ 工程別組別総合原価計算
```

図5.12　総合原価計算の分類

総合原価計算，組別総合原価計算，連産品原価計算などに分類され，さらに，複数工程が存在する場合，工程別計算と組み合わされます（図5.12）。

(1) 単純総合原価計算

単純総合原価計算は，1種類の製品を連続的に反復して生産する生産形態に適用される計算方法です。その工場で発生する製造原価要素をすべて集計して当月製造費用を求め，これに月初仕掛品原価を加えた総製造費用を月末仕掛品と完成品とに配分計算することにより，完成品総合原価を計算し，さらにそれを完成品数量で割って単位原価を計算します。これまでの説明はすべてこの単純総合原価計算を想定しています。

(2) 等級別総合原価計算

等級別総合原価計算は，同一工程において，基本的には同種製品であるが，製品の形状，大きさ，品質，純度などに違いのある製品群（等級製品）を連続して大量に製造している場合に適用されます。詳しくは第7章で解説します。

(3) 組別総合原価計算

組別総合原価計算とは，異なった種類の製品を連続生産する生産形態に適

用される原価計算の方法をいいます。組別総合原価計算では，各製品種類を組として，一原価計算期間の製造費用を組直接費と組間接費とに分け，組直接費は各組の製品に賦課し，組間接費は適当な配賦基準によって各組に配賦します。詳しくは第7章で解説します。

(4) 工程別総合原価計算

工程別総合原価計算とは，製造工程が2つ以上の連続する工程に分けられ，各工程においてその工程完成品の総合原価を計算する方法をいいます。

工程の区分は技術的な生産区分によって決定されるのが原則です。工程別総合原価計算は，総合原価計算における部門別計算であるといえます。したがって，工程（製造部門）の他に補助部門も設定され，部門費の第1次集計，第2次集計も行われます。しかし，多くの教科書や検定試験等の工程別総合原価計算の問題においては補助部門費の処理は要求されずに，加工費データのみが与えられることが多くなっています。詳しくは次章で解説します。

(5) 連産品原価の計算と副産物

同一工程において同一原料から生産技術上，必然的に生産される2種以上の生産物を結合生産物といいます。結合生産物の間で経済的重要性の点から主，副が区別される場合，それらを主産物，副産物といい，区別されない場合はそれらを連産品といいます。

連産品の典型的な例として，石油精製業における重油，灯油，揮発油などをあげることができます。

連産品原価は，1原価計算期間中の連産品全体の原価（これを結合原価といいます）を等価係数および生産数量に基づいて配分することによって計算されます。詳しくは第7章で解説します。

練習問題

5.1 東京工場では，製品Xを連続生産しており，当月完成高は500トンであった。次の資料によって，完成品製造原価を計算しなさい。なお，月末仕掛品の計算は，平均法による。

[資料]
1. 月初，月末ともに仕掛品は 100 トン（加工進捗度もともに 50%）であった。
2. 当月投入原料費は 48,000 千円，加工費は 75,000 千円で，原料 500 トンはすべて加工開始時に投入された。
3. 月初仕掛品の製造原価は 16,500 千円で，うち原料費は 9,000 千円，加工費は 7,500 千円であった。

完成品製造原価		千円
内 訳	原 料 費	千円
	加 工 費	千円

5.2 次の資料から，先入先出法によって，総合原価計算表を作成しなさい。

[資 料]
1. 製品 Y の当月生産データ
   月初仕掛品　　200kg（45%）
   当 月 投 入　10,200kg
   　　計　　　　10,400kg
   月末仕掛品　　400kg（40%）
   完成品数量　10,000kg
* 1　なお，原料は工程の始点で投入される。
* 2　仕掛品の（　）内は加工進捗度である。

総合原価計算表　　　（単位：円）

	原 料 費	加 工 費	合 計
月初仕掛品原価	140,000	45,000	185,000
当月製造費用	8,160,000	5,035,000	13,195,000
合 計	8,300,000	5,080,000	13,380,000
月末仕掛品原価			
完成品総合原価			
完成品単位原価			

5.3 次の資料に基づき，期末仕掛品原価を後入先出法によって求めなさい。

[資 料]

月初仕掛品
　数　量　　200kg（加工進捗度80%）
　原料費　24,000円
　加工費　16,000円

当月製造費用
　原料費　200,000円
　加工費　160,000円

完成品および月末仕掛品
　完成品数量　1,900kg
　期末仕掛品数量　300kg
　　（加工進捗度40%）

＊1　原料は，すべて工程の始点で投入される。

月末仕掛品原価		円
内　訳	原　料　費	円
	加　工　費	円

5.4

(問)1．次の資料に基づき，完成品原価および月末仕掛品原価を求めなさい。

[資 料]

月初仕掛品
　数　量　　400kg（加工進捗度25%）
　原料費　30,000円
　加工費　20,000円

当月製造費用
　原料費　300,000円
　加工費　240,000円

完成品および月末仕掛品
　完成品数量　1,600kg
　期末仕掛品数量　600kg
　　（加工進捗度50%）
　仕損品数量　200kg

＊1　月末仕掛品原価の計算は先入先出法によるものとし，原料は，すべて工程の始点で投入される。
＊2　仕損品は工程終点で発生し，仕損費は完成品のみが負担する。
＊3　仕損品に評価額はない。

完成品製造原価	円
月末仕掛品原価	円
内訳 原料費	円
加工費	円

(問)2．上記の問題で，仕損品は工程の途中で発生し，仕損費は完成品と月末仕掛品とで負担するものとして，完成品原価と月末仕掛品を求めなさい。

完成品製造原価	円
月末仕掛品原価	円
内訳 原料費	円
加工費	円

第 6 章

工程別総合原価計算

　前章で学んだ総合原価計算は，主に，単純総合原価計算を前提として，月末仕掛品の評価方法，完成品換算生産量，さらに仕損や減損が発生した場合の処理方法を説明しました。これらの知識は，総合原価計算を学ぶ際には，とりわけ重要なものとなりますから，総合原価計算の基礎知識を，単純総合原価計算の中で学んだわけです。
　ところで単純総合原価計算は，1種類の製品を，単一工程で，連続的に反復して生産する工場を仮定した計算方法です。しかし，一般的な工場は，単一工程ではなく，いくつかの製造工程を経由して，製品を生産するのが普通です。その場合，製造工程ごとに発生する原価を計算する必要があります。それが工程別総合原価計算なのです。

○ KEY WORDS ○
製造工程，累加法，非累加法，自工程費，前工程費，
工程個別費，補助部門個別費，工程共通費（部門共通費），
加工費工程別総合原価計算

6.1　工程別総合原価計算とは

工程別総合原価計算とは，製造工程が2つ以上の連続する工程からなり，各工程ごとに，その工程製品の総合原価を計算する方法です。

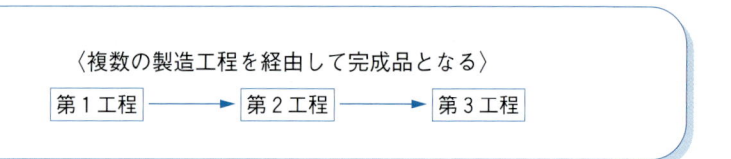

〈複数の製造工程を経由して完成品となる〉
第1工程　→　第2工程　→　第3工程

工程別総合原価計算は，個別原価計算における部門別計算に相当します。すなわち，当月発生原価は，各製造工程部門と補助部門に分けて把握し，これをさらに個別費と共通費に分け，工程共通費を配賦基準によって各製造工程部門に配賦します。

部門別個別原価計算に当てはめてみると，工程個別費は部門個別費，工程共通費は部門共通費に当たります。ただし工程別総合原価計算は，製造間接費だけでなく，すべての原価が計算の対象になります。

工程別総合原価計算は，原価計算の種類ではなく方法なので，単純総合原価計算はもとより，等級別総合原価計算や組別総合原価計算にも適用されます。また，工程別総合原価計算は，工程別計算する範囲を全原価要素とする**全部原価要素工程別総合原価計算**と，加工費だけを範囲とする**加工費工程別総合原価計算**とに分けられます。

工程別総合原価計算の適用は，第一に，製造工程別に原価引き下げ対策を講じることができ，第二に，より正確な製品原価の計算ができるといわれています。

6.2　工程別総合原価計算の計算方法

　工程別総合原価計算の完成品原価の計算方法には，累加法と非累加法の2つがあります。本書では，主に累加法を取り上げて説明することにします。

◯　累 加 法

　累加法は，第1工程完了品が次工程に振り替えられたときに，第1工程で完了した製品の原価，すなわち第1工程完了品原価を第2工程へ振り替え，第2工程ではその第1工程完了品原価を第2工程の始点で投入された原材料費として扱い，第2工程の製造費用に加算します。同じように，第2工程完了品原価は第3工程へ振り替えます。このように，その工程の完了品原価を次工程へ振り替えて行き，最終工程の完成品原価を求めて行く方法です（図6.1）。

　累加法は，前工程完了品原価を次工程の製造原価に加えるので，製造工程を経るにしたがって，原価が雪ダルマ式に累加されることになります。

　累加法は，仕掛品やその他の中間製品の評価にはその便利性を発揮します

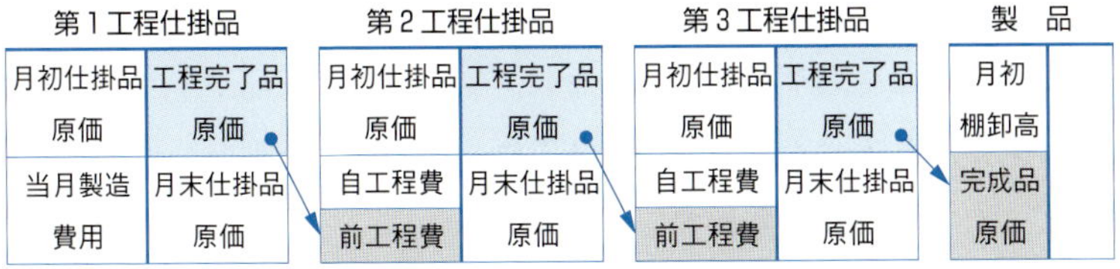

図6.1　累加法による勘定連絡図

が，工程独自の価値消費と製造作業との関係を希薄にするといわれます。

◯ 非累加法

非累加法は，工程完了品が次工程に振替えられても，工程完了品原価を次工程に振替えずに，各工程費ごとに単純総合原価計算を行い，各工程費の最終完成品原価を算定し，各工程原価を合計することによって完成品の製造原価を計算する方法です。非累加法は，各工程に投入された原価が，最終完成品にどのように残っているのかを，各工程別に計算する方法であるといえます。

非累加法は，原価管理のために有用であるといわれますが，反対に，棚卸資産評価には不便であるといわれます。

◯ 工程別総合原価計算に必要な概念

工程別総合原価計算の計算に必要な，4つの概念を次に説明しましょう。

(1) 前工程費

第1工程完了品原価を第2工程へ振り替えると，その原価は第2工程から見ると，前の工程で発生した原価，つまり，前工程完了品原価になります。その前工程完了品原価を，第2工程では前工程費といいます。

前工程費は第1工程の完了品原価であり，第1工程完了品は第2工程の始点に投入された原材料とみなしますから，前工程費は計算上，原材料費の性格を持つものとして取り扱います。なお，第1工程完了品がすべて第2工程へ振り替えられる場合と，一部が第2工程へ振り替えられないで半製品や貯蔵品などとなる場合があります。

(2) 工程個別費

工程個別費とは，各製造工程だけに発生した当月製造費用のことで，部門個別費によく似ています。

新世社・出版案内 Oct. 2010

●経済学新刊●

経済学叢書 Introductory
公共経済学入門 NEW

上村敏之著　A5判／約272頁　予価2,600円

ミクロ経済学の基礎も含めて構成し，予備知識がなくても読み進められる入門テキスト。政府の経済活動のメカニズムから，その分析・評価方法までを明快に説き明かした。初学者の理解を配慮し余剰分析の図を駆使した部分均衡分析による1財モデルをメインに説明し，最終章で無差別曲線を用いた2財モデルを紹介する。2色刷。

基礎コース[経済学] 10
基礎コース 統計学 第2版 NEW

田中勝人著　A5判／約280頁　予価1,900円

信頼性高い標準的教科書として刊行以来高い評価を得てきた書の最新版。初めて学ぶ学生に向けて必須の基礎概念を説き明かすというコンセプトは維持しつつ，前半の記述統計に関する章における補足説明やデータのアップデートを中心にして改訂を行い，更に本文や例題で示している各種の計算を全て新データで再実行している。

演習新経済学ライブラリ 2
演習 マクロ経済学 第2版

金谷貞男著　A5判／352頁　本体2,550円

本書は大学生を主な対象とした，マクロ経済学演習書の改訂版。改訂にあたっては用語や概念等について古くなった部分を更新し，議論の進展を考慮した説明を補足した。また経済の国際化に合わせ，為替レートや外為市場，マンデル=フレミング・モデルといった国際金融についての解説を追加。論点が的確にわかる例題と丁寧な解答を充実させた構成で，講義の復習や期末試験対策だけでなく，大学院受験や経済専門職の上級公務員試験対策にも最適。

経済学叢書 Introductory
基礎から学ぶ　ミクロ経済学

塩澤修平・北條陽子共著　A5判／270頁　本体2,300円

現実の経済を理解する手段としてのミクロ経済学を，学部の初歩から中級レベルまで学ぶためのテキスト。左頁には基礎的内容を解説した本文，右頁には関連する図表や囲み記事を配した見開き形式とし，効率よく学習を進められるよう工夫。章末ではより発展的な解説を加え，理解を体系的に定着させることができる。専門的な分野を学ぶ準備として，また試験問題を読み解く力を養うのにも最適。

---●グラフィック [経済学]●---

「ビジュアルに/わかりやすく」を念頭に作られた,新しいスタイルのテキスト。左頁に本文解説,右頁に図版・コラムを配置した,2頁見開きのレイアウトで構成。見やすい2色刷。

4 グラフィック 財政学
釣 雅雄/宮崎智視共著　A5判/320頁　本体2,600円

本書は,財政学をはじめて学ぶ人が,経済学に関する予備知識がなくても,無理なくその基礎を理解できるよう配慮したテキストである。実際の経済の状況や政策動向を踏まえた内容を扱うことで,現実の経済と財政の仕組み・政策の効果との関係を考えながら読み進めることができる。本文解説と豊富な図表・コラムが対応する見開き構成とし,直感的理解にも配慮した。2色刷。

5 グラフィック 金融論
細野 薫/石原秀彦/渡部和孝共著　A5判/312頁　本体2,700円

本書は,現代の金融にまつわる様々な問題を見据えつつ,その役割について基礎から学ぶことができる教科書である。むずかしい数式を極力使わず,分かりやすい解説と豊富な図版で,金融論を自力で理解できるよう配慮した。経済・経営系科目用,ビジネスマンの自習用としても最適な一冊。見開き形式・2色刷。

1 グラフィック 経済学　　浅子和美/石黒順子共著　本体2,200円

2 グラフィック マクロ経済学　　宮川 努著　本体2,400円

3 グラフィック ミクロ経済学 第2版　金谷/吉田共著　本体2,500円

8 グラフィック 統計学　　西尾 敦著　本体2,400円

発行 **新世社**　　発売 **サイエンス社**

〒151-0051 東京都渋谷区千駄ヶ谷1-3-25　TEL (03)5474-8500　FAX (03)5474-8900
ホームページのご案内　http://www.saiensu.co.jp　表示価格は2010年10月現在の税別価格です。

(3) 補助部門個別費

補助部門個別費とは，各補助部門だけに発生した当月製造費用のことです。

(4) 工 程 共 通 費

工程共通費とは，各製造工程や各補助部門に共通に発生する原価のことで，部門共通費によく似ています。

6.3　工程別総合原価計算の手続

○ 工程完了品原価を求める手続

工程別総合原価計算は，工程ごとに（すなわち製造部門と補助部門に）原価要素を区分集計する方法です。したがって，各工程を原価計算上独立したものとみなして，原価を集計します。その際，製造直接費と製造間接費の区別をしないで，工程別に当月製造費用を集計するところが，個別原価計算と異なるところです。

工程別計算の手続については，はじめに工程完了品原価を求める計算手続を，続いて，工程完了品原価の次工程への振替え手続について説明しましょう。

工程完了品原価を求める計算手続は以下のようになります（図6.2）。

① 当月製造費用を，工程個別費，補助部門個別費，工程共通費に分ける。
② 当月製造費用のうち，工程個別費を各工程へ直課し，補助部門個別費は，各補助部門へ直課する。
③ 工程共通費を各工程と各補助部門へ，配賦基準によって配賦する。
④ 補助部門費を各工程へ，配賦基準によって配賦する。
⑤ 各工程に集計された全原価要素から，工程ごとの月末仕掛品原価を計算し，工程完了品原価を求める。

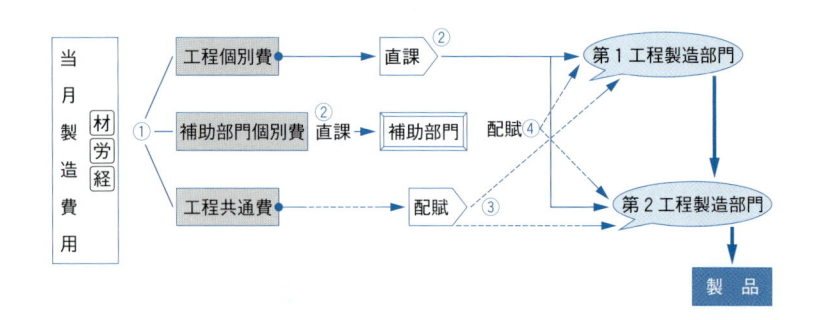

図6.2 工程別総合原価計算の手続きイメージ

設例1：次の5月中の資料により，下記の工程別総合原価計算表を完成しなさい。

[資 料]
　工程共通費配賦率　第1工程へ50%，第2工程へ40%，工場事務部門へ10%
　補助部門費配賦率　第1工程へ70%，第2工程へ30%
　月初仕掛品原価　第1工程　28,920円，第2工程　28,440円
　月末仕掛品原価　第1工程　28,200円，第2工程　51,830円
　第1工程完了品数量　600個（うち第2工程振替数量は500個）
　第2工程完了品数量　400個

工程別総合原価計算表

(単位：円)

摘　要	合　計	第1工程	第2工程	工場事務部門	工程共通費
工程個別費					
材　料　費	271,200	108,000	115,200	—	48,000
労　務　費	268,800	86,400	86,400	36,000	60,000
経　　　費	244,800	108,000	100,800	6,000	30,000
前 工 程 費	(①)	—	(②)	—	—
計	(③)	302,400	(④)	42,000	138,000
工程共通費配賦高	—	(⑤)	(⑥)	(⑦)	
補助部門費配賦高	—	(⑧)	(⑨)	(⑩)	
当月製造費用	(⑪)	(⑫)	(⑬)		
月初仕掛品原価	(⑭)	(⑮)	(⑯)		
計	(⑰)	(⑱)	(⑲)		
月末仕掛品原価	(⑳)	(㉑)	(㉒)		
工程完了品原価	(㉓)	(㉔)	(㉕)		
工程完了品数量		(㉖)	(㉗)		
工程単位原価		(㉘)	(㉙)		
次工程振替高		(㉚)			

[解　答]

⑤　138,000円×50%＝69,000円　　⑥　138,000円×40%＝55,200円
⑦　138,000円×10%＝13,800円　　⑩　55,800円
⑧　55,800円×70%＝39,060円　　⑨　55,800円×30%＝16,740円
⑫　410,460円　　⑮　28,920円　　⑱　439,380円　　㉑　28,200円
㉔　411,180円　　㉖　600個　　㉘　411,180円÷600＝685.3円
㉚　685.3円×500個＝342,650円　　②　342,650円　　④　645,050円
⑬　716,990円　　⑯　28,440円　　⑲　745,430円　　㉒　51,830円
㉕　693,600円　　㉗　400個　　㉙　693,600円÷400個＝1,734円
①　342,650円　　③　1,127,450円　　⑪　1,127,450円
⑭　57,360円　　⑰　1,184,810円　　⑳　80,030円　　㉓　1,104,780円

◯ 工程完了品原価の次工程への振り替え手続

第1工程の完了品原価を求めてから、これを第2工程へ振り替え、さらに第2工程の完了品原価を求め、これを第3工程へ振り替えますが、その計算手続について説明しましょう。

工程完了品原価の次工程への振り替え手続は以下のようになります（図6.3）。

① 第1工程の月初仕掛品原価に当月製造費用（工程個別費・工程共通費・補助部門費）を加え、その合計額から月末仕掛品原価を差し引いて、第1工程完了品原価を求め、これを第2工程へ振り替えます。この金額が、第2工程の前工程費となります。

② 第2工程では、第2工程月初仕掛品原価に第2工程当月製造費用を加え（これを、前工程費と区別するため、第2工程の自工程費といいます）、さらに第1工程から振り替えられてきた前工程費を加えてから、第2工程月末仕掛品原価を差し引いて、第2工程完了品原価を求めます。これを第3工程へ振り替えるのです。

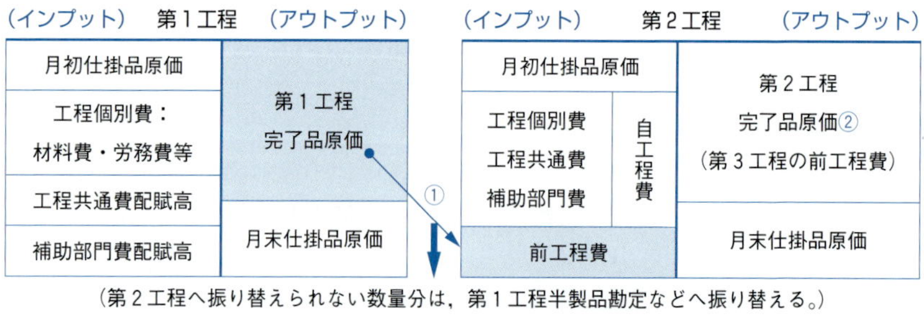

（インプット）	第1工程	（アウトプット）	（インプット）	第2工程		（アウトプット）
月初仕掛品原価		第1工程 完了品原価	月初仕掛品原価			第2工程 完了品原価② （第3工程の前工程費）
工程個別費： 材料費・労務費等			工程個別費	自工程費		
工程共通費配賦高			工程共通費			
補助部門費配賦高		月末仕掛品原価	補助部門費			月末仕掛品原価
		①↓	前工程費			

（第2工程へ振り替えられない数量分は、第1工程半製品勘定などへ振り替える。）

図6.3 工程完了品原価の振替手続についての勘定記入例

6.4　第2工程以降の月末仕掛品原価の算出について

　第2工程以降の月末仕掛品原価を計算するには，気をつけなければならないことが生じます。それは，第2工程の自工程費が，第2工程の完了品原価と月末仕掛品原価とに分かれるのと同じように，原材料費として受け入れた前工程費にも，完了品原価になる分と月末仕掛品として残る分が生じうるからです。つまり，第2工程の月末仕掛品原価には，自工程費分の月末仕掛品原価と，前工程費分の月末仕掛品原価とが混在しているのです。そのため，第2工程の月末仕掛品原価は，自工程費分と前工程費分とを別々に計算する必要があります。

　前工程費は前述したように，原材料費として扱うので，月末仕掛品原価の計算は，直接材料費の計算式を使います。よって，第2工程月末仕掛品原価の算出手順は，次のようになります。

> (1) 自工程費の月末仕掛品原価
>   ① 直接材料費についての計算
>   ② 加工費についての計算
> (2) 前工程費の月末仕掛品原価（計算は直接材料費扱いをし，加工費に相当する計算はない）

　ところで，自工程費分と前工程費分が混在した月末仕掛品原価は，次月になると月初仕掛品原価となりますから，次月の月初仕掛品原価には自工程費分と前工程費分がそのまま混在した形で残っています。そのために，前工程費の月末仕掛品原価を計算するためには，月初仕掛品に入っている前工程費（月初仕掛品前工程費）を，忘れずに計算上考慮しなければならないのです

```
            （インプット）    第2工程仕掛品    （アウトプット）
              月初仕掛品自工程費
              月初仕掛品前工程費           第2工程
                                         完了品原価
              当月製造費用
              （自工程費）
                                     月末仕掛品自工程費
                                                        月末仕掛品原価
              前工程費          月末仕掛品前工程費
```

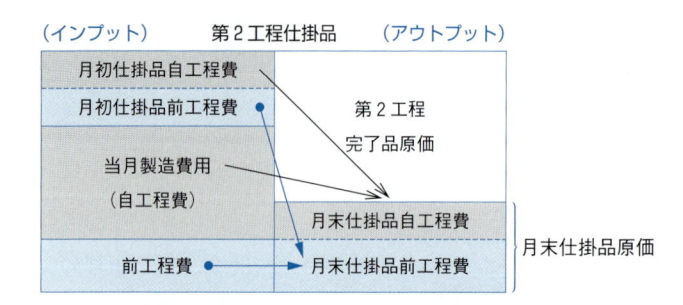

図6.4　月末仕掛品原価を計算する第2工程の例

（図6.4）。ただし，先入先出法を使用する場合は除きます。

> **設例2**：W社の東京工場では，累加法による工程別総合原価計算を行っている。東京工場の10月中の生産データは次のとおりであったとして，工程別総合原価計算表を完成しなさい。ただし，月末仕掛品の評価は第1工程，第2工程ともに，平均法を用いること。なお，原料はすべて第1工程の始点で投入されており，（　　）内は仕掛品の加工進捗度を示している。

[資　料]

	第1工程	第2工程
月初仕掛品数量	1,000個(1/4)	2,000個(1/3)
当月投入量	19,000	18,000
合　計	20,000個	20,000個
差引：月末仕掛品数量	2,000　(1/2)	4,000　(3/4)
完成品数量	18,000個	16,000個

工程別総合原価計算表　　　　　（単位：円）

	第1工程			第2工程		
	原料費	加工費	合　計	前工程費	加工費	合　計
月初仕掛品原価	172,500	58,500	231,000	840,000	177,000	1,017,000
当月製造費用	3,427,500	2,221,500	5,649,000	⑬	2,673,000	㉒
合　　計	①	⑤	⑨	⑭	⑱	㉓
差引:月末仕掛品原価	②	⑥	⑩	⑮	⑲	㉔
完成品総合原価	③	⑦	⑪	⑯	⑳	㉕
完成品単位原価	④	⑧	⑫	⑰	㉑	㉖

[解　答]

① 3,600,000 円

② 3,600,000 円 $\times \dfrac{2,000}{18,000+2,000} = 360,000$ 円

③ 3,240,000 円　　④ (3,240,000 円 ÷ 18,000 個) = 180 円

⑤ 2,280,000 円

⑥ 2,280,000 円 $\times \dfrac{2,000 \times 0.5}{18,000+2,000 \times 0.5} = 120,000$ 円

⑦ 2,160,000 円　　⑧ (2,160,000 円 ÷ 18,000 個) = 120 円

⑨ 5,880,000 円　　⑩ 480,000 円　　⑪ 5,400,000 円

⑫ 300 円　　⑬ 5,400,000 円　　⑭ 6,240,000 円

⑮ (840,000 円 + 5,400,000 円) $\times \dfrac{4,000}{16,000+4,000} = 1,248,000$ 円

⑯ 4,992,000 円　　⑰ 4,992,000 円 ÷ 16,000 個 = 312 円

⑱ 2,850,000 円

⑲ 2,850,000 円 $\times \dfrac{4,000 \times 0.75}{16,000+4,000 \times 0.75} = 450,000$ 円

⑳ 2,400,000 円　　㉑ 2,400,000 円 ÷ 16,000 個 = 150 円

㉒ 8,073,000 円　　㉓ 9,090,000 円　　㉔ 1,698,000 円

㉕ 7,392,000 円　　㉖ 462 円

6.5 加工費工程別総合原価計算

加工費工程別総合原価計算とは，**加工費のみを工程別に計算し，それに直接材料費を加算することによって，完成品総合原価を計算する方法**です。これは，原料がすべて最初の工程の始点で投入され，その後の工程では，単にこれを加工するにすぎない場合に適用され，**加工費法**ともいいます。

この方法は，直接材料費については，全工程を単一工程とみなし，工程別の計算を行いません。また，当月の直接材料費総額を，当月完成品と月末仕掛品へ配分するために，各工程の月初仕掛品数量と月末仕掛品数量を，それぞれ合計します。工程別総合原価計算に比べ，手数がかなり省けるので，簡便法としての意義を有しています。

> **設例3**：次の資料により，加工費工程別総合原価計算表を完成しなさい。

[資　料]
1. 原価データ

	第1工程	第2工程
当月直接材料費	1,000,000円	—
当月加工費	900,000	1,300,000円
月初仕掛品：		
直接材料費	200,000	—
加　工　費	160,000	100,000
前工程費：		
直接材料費	—	120,000
加　工　費	—	110,000

2. 生産データ

	第1工程	第2工程
完成品数量	1,100kg	1,000kg
月末仕掛品量（進捗率）	100(50%)	160(50%)

原料当月投入量	1,000	—
月初仕掛品量(進捗率)	200(80%)	60(50%)

＊1　月末仕掛品の評価は，先入先出法による。
＊2　円位未満は，その都度四捨五入しなさい。

加工費工程別総合原価計算表　　(単位：円)

摘　要	第1工程	第2工程	原料費	合　計
月初仕掛品原価	①	⑥	⑭	690,000
当月製造費用				
直接材料費	—	—	⑮	1,000,000
加　工　費	②	⑦		2,200,000
合　計	③	⑧	⑯	3,890,000
前　工　程　費		⑨		—
月末仕掛品原価	④	⑩	⑰	552,073
完成品総合原価	⑤	⑪	⑱	3,337,927
完成品数量		⑫ kg	⑲kg	1,000kg
完成品単位原価		⑬	⑳	㉑

[解　答]

① 160,000 円　　② 900,000 円　　③ 1,060,000 円

④ 900,000 円 $\times \dfrac{100 \times 0.5}{1,100 - 200 \times 0.8 + 100 \times 0.5} = 45,455$ 円

⑤ 1,014,545 円　　⑥ 100,000 円 + 110,000 円 = 210,000 円

⑦ 1,300,000 円　　⑧ 1,510,000 円　　⑨ 1,014,545 (⑤の金額)

⑩ 自工程費　1,300,000 円 $\times \dfrac{160 \times 0.5}{1,000 - 60 \times 0.5 + 160 \times 0.5} = 99,048$ 円

　　前工程費　1,014,545 円 $\times \dfrac{160}{1,000 - 60 + 160} = 147,570$ 円

　　99,048 円 + 147,570 円 = 246,618 円

⑪ 2,277,927 円　　⑫ 1,000　　⑬ 2,278 円

⑭ 200,000 円 + 120,000 円 = 320,000 円

⑮ 1,000,000 円　　⑯ 1,320,000 円

⑰ 1,000,000 円 $\times \dfrac{100 + 160}{1,000} = 260,000$ 円

⑱ 1,060,000 円　　⑲ 1,000　　⑳ 1,060 円　　㉑ 3,338 円

練 習 問 題

6.1 製品Gを連続大量生産しているT社の埼玉工場では、工程別総合原価計算を実施している。以下の資料により、問に答えなさい。

(問)1．第1工程の月末仕掛品原価、完了品原価を求めなさい。
(問)2．第2工程の月末仕掛品前工程費、月末仕掛品加工費、完成品原価を求めなさい。

[資　料]

1．生産データ（（　）内は加工進捗度を示す）

	第1工程	第2工程
月初仕掛品	400kg（50％）	300kg（50％）
当月投入	2,000	1,600
合　計	2,400kg	1,900kg
月末仕掛品	600（50％）	500（20％）
完成品	1,800kg	1,400kg

2．原価データ

		第1工程	第2工程
月初仕掛品原価	材料費	190,000円	－
	前工程費	－	100,000円
	加工費	44,000円	35,100円
当月製造費用	材料費	838,000円	－
	前工程費	－	?
	加工費	894,000円	789,750円
		1,966,000円	?

＊1　第1工程完了品のうち、一部は半製品として倉庫に保管されており、他はすべて第2工程に投入されている。

＊2　月末仕掛品の評価は、第1工程が平均法、第2工程が先入先出法によっている。材料は第1工程の始点ですべて投入されている。

6.2 標準製品Kを製造する川崎工場では、累加法による工程別総合原価計算を行っている。10月中の製品Kの生産実績は次のとおりであった。工程別総合原価計算表を完成しなさい。（　）内の数値は加工進捗度を示している。

[資 料]

	第1工程	第2工程
月初仕掛品	4,000kg (60%)	6,000kg (50%)
当月投入	22,000	21,000
合　計	26,000kg	27,000kg
月末仕掛品	5,000 (80%)	1,500 (80%)
減　損	—	500
完成品	21,000	25,000
合　計	26,000kg	27,000kg

*1 原料は工程の始点ですべて投入されている。
*2 減損は第2工程の終点で発生し，正常なものである。
*3 月末仕掛品の評価は，第1工程，第2工程ともに平均法による。
*4 完成品単価の計算に端数が出る場合は，円位未満四捨五入する。

工程別総合原価計算表

(単位：円)

	第1工程			第2工程		
	原料費	加工費	合　計	前工程費	加工費	合　計
月初仕掛品原価	100,000	80,000	180,000	322,800	49,100	371,900
当月製造費用	1,200,000	1,500,000	2,700,000		1,900,000	
合　計	1,300,000	1,580,000	2,880,000		1,949,100	
月末仕掛品原価						
完成品総合原価						
完成品単位原価						

練習問題

第7章

その他の総合原価計算

　前章までは総合原価計算における，単純総合原価計算をはじめとした工程別総合原価計算を解説してきました。本章では，その他の総合原価計算を扱います。

　複数の同種製品を連続生産している場合に適用される等級別総合原価計算，複数の異種製品を連続生産している場合に適用される組別総合原価計算，さらに，等級別総合原価計算とよく似た連産品原価計算，また，副産物の処理などを学びます。

　総合原価計算の解説は，本章が最後になります。総合原価計算は実務でもよく使われますから，最後の仕上げをしっかりとまとめましょう。

○ KEY WORDS ○

等級製品，等価係数，積数，等価比率，組直接費，
組間接費，主産物，副産物，連産品原価計算，連結原価，
正常市価，追加加工費，材料の追加投入

7.1　その他の総合原価計算

総合原価計算の分類と簡単な内容については，すでに説明しましたが，もう一度列挙すると次のようになります。

①　単純総合原価計算
②　工程別総合原価計算
③　等級別総合原価計算
④　組別総合原価計算
⑤　連産品原価計算など

このうち，単純総合原価計算と工程別総合原価計算については，すでに説明しました。そこで本章では，等級別総合原価計算，組別総合原価計算，連産品原価計算について説明することにします。

7.2　等級別総合原価計算

○ 等級別総合原価計算の意義

等級別総合原価計算とは，同一材料を使い，同一工程において，基本的には同種製品であるが，製品の形状，大きさ，重量，純度などに違いのある製品群（等級製品）を，連続して大量に製造している場合に適用される方法です（図7.1）。

それにはまず，各等級製品ごとに原価の負担率を表す等価係数を設定しま

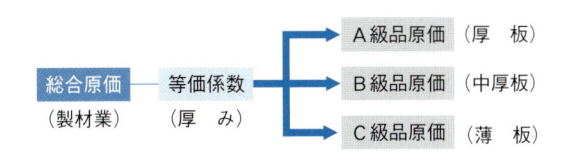

```
総合原価 ── 等価係数 ┬→ A級品原価（厚　板）
(製材業)   (厚　み)  ├→ B級品原価（中厚板）
                    └→ C級品原価（薄　板）
```

図 7.1　等級別総合原価計算の例

す。一般的には，各等級製品の形状，大きさ，重量，純度などの物量的基準によって設定しますが，各等級製品の標準材料消費量や標準作業時間に基づいて直接材料費，加工費別々に設定することもあります。

この各等級製品の等価係数と生産数量との積数の比（これを等価比率といいます）で，一期間の完成品の総合原価または製造費用を，各等級製品に配分して，各等級製品別の製品原価を計算します。

等級別総合原価計算は，製材業，醸造業，製紙業などで用いられます。

○ 等級別総合原価計算の計算手続

等級別総合原価計算は，どの段階に等価係数を適用するのかによって，①単純総合原価計算に近い計算法（一括按分法，「基準」二二(1)），②組別総合原価計算に近い計算法（原価要素別按分法，「基準」二二(2)）など，いくつかの計算方法があります。ここでは，①の一括按分法の計算手続を説明します。

(1) 各等級製品の等価係数を設定します。
(2) 等価係数に各等級製品の生産量を掛け，積数を決定します。
(3) 各積数の合計数に対する各等級製品の積数の割合（各等級製品の積数÷積数の合計）を算出します。つまり，等価比率(按分比率)を求めます。
(4) 完成品総合原価を，等価比率によって，各等級製品へ一括按分します。

(5) 各等級製品の原価を，各等級製品の生産量で割り，製品単位原価を求めます。

> 設例1：次の資料によって，等級別総合原価計算表を作成しなさい。

[資　料]
① 当月の完成品総合原価は，600,000円である。
② 各等級製品の完成品数量と按分基準は次のとおりで，等価係数は重量を基準として2級品を1とする。

	完成品数量	按分基準
1級品	400個	120kg
2級品	500個	80kg
3級品	300個	40kg

[解　答]

等級別総合原価計算表

等級製品	生産量	等価係数	積　数	等価比率	等級製品原価	単位原価
1級品	400個	1.5	①600	② 48%	③288,000円	④720円
2級品	500	1	500	40	240,000	480
3級品	300	0.5	150	12	72,000	240
			1,250	100%	600,000円	

❖ 設例の解説

等価係数は，2級品（80kg）を1とするので，1級品（120kg）は1.5，3級品（40kg）は0.5となる。

① 400×1.5＝600　　② 600÷1,250＝0.48
③ 600,000円×48%＝288,000円　　④ 288,000円÷400＝720円

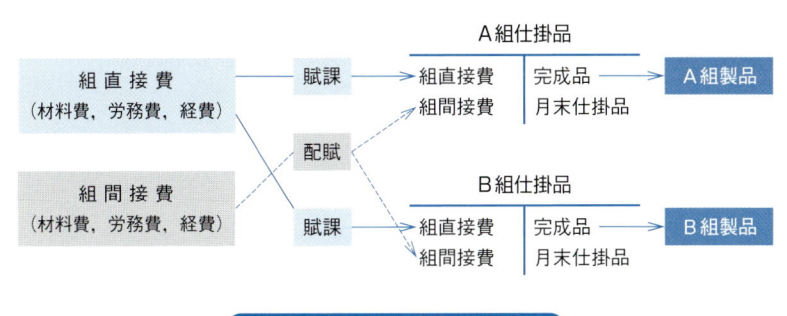

7.3　組別総合原価計算

○ 組別総合原価計算の意義

　組別総合原価計算とは，同一材料を使い，異なった種類の製品を製品種類別に，連続して生産する生産形態に適用される方法です。組別総合原価計算は，各製品種類を組として，一原価計算期間の製造費用を，組直接費（各組の製品製造のために直接発生した原価）と組間接費（組別製品に共通的に発生する原価）とに分け，組直接費は各組の製品に賦課し，組間接費は適当な配賦基準によって各組に配賦します（図7.2）。

　このように組別総合原価計算では，個別原価計算と同じように直接費と間接費とに原価が分類されますが，個別原価計算では，個々の製品または特定製造指図書について直接費，間接費と捉えるのに対し，組別総合原価計算では，組すなわち製品種類について直接費，間接費と捉える点が異なります。ただし，組間接費の配賦基準は原則として，個別原価計算の場合と同じです。

図7.2　組別総合原価計算の例

組間接費が各組に配賦されると，後の手続は組ごとに単純総合原価計算を適用して，各組ごとに一期間における製造費用と月初仕掛品原価から，月末仕掛品原価および当月完成品原価を計算します。この点が，個別原価計算と異なります。なお，組別製品は，それぞれ別個の商品としての性質をもっている点が，等級製品と異なります。

組別総合原価計算は，自動車工業，機械工業，菓子製造業など，広く実務で用いられています。

組別総合原価計算の計算手続

組別総合原価計算の計算手続は，次のようになります。
(1) 製品を組別に分けて原価を把握するため，当月製造費用を組直接費と組間接費とに分類します。
(2) 組直接費は各組の製品に賦課し，組間接費は適当な配賦基準によって各組に配賦します。
(3) 各組ごとに，一期間における製造費用と月初仕掛品原価から，月末仕掛品原価および当月完成品原価を計算します。
(4) 各組別の当月完成品原価を，当月組別完成品量で割って，単位原価を計算します。

> **設例2**：次の資料によって，組別総合原価計算表を作成しなさい。

[資　料]
1．生産データ

組	月初仕掛品（進捗度）	完成品数量	月末仕掛品（進捗度）	機械運転時間
A	100個（50%）	1,200個	110個（50%）	5,000時間
B	80個（50%）	1,000個	50個（80%）	4,000時間

2．原価データ

組	月初仕掛品		当月組直接費		当月組間接費
	材料費	加工費	材料費	加工費	
A	40,000円	80,000円	700,000円	500,000円	810,000円
B	50,000円	85,000円	800,000円	400,000円	

＊1　材料は工程の始点ですべて投入された。
＊2　組間接費の配賦は，機械運転時間を基準とする。
＊3　月末仕掛品の評価は平均法による。
＊4　計算上の端数は，その都度，円位未満を四捨五入すること。

[解　答]

組別総合原価計算表　　（単位：円）

摘　要	A　組	B　組	合　計
当月組直接費			
材　料　費	700,000	800,000	1,500,000
加　工　費	500,000	400,000	900,000
当月組間接費	450,000	360,000	810,000
合　　計	1,650,000	1,560,000	3,210,000
月初仕掛品			
材　料　費	40,000	50,000	90,000
加　工　費	80,000	85,000	165,000
月末仕掛品			
材　料　費	62,137	40,476	102,613
加　工　費	45,139	32,500	77,639
完成品原価	1,662,724	1,622,024	3,284,748
完　成　数　量	1,200 個	1,000 個	
単　位　原　価	1,386	1,622	

❖ 設例の解説

〈組間接費（810,000円）の配賦額の計算〉

A組 $= 810,000 \text{円} \times \dfrac{5,000\text{h}}{5,000\text{h} + 4,000\text{h}} = 450,000 \text{円}$

450,000円を後で，月末仕掛品加工費の計算の際に加算することに注意する。

B組 $= 810,000 \text{円} \times \dfrac{4,000\text{h}}{5,000\text{h} + 4,000\text{h}} = 360,000 \text{円}$

360,000円を後で,月末仕掛品加工費の計算の際に加算することに注意する。

〈月末仕掛品の評価〉 平均法

A組直接材料費 $=(40,000 円+700,000 円) \times \dfrac{110}{1,200+110}=62,137$ 円

A組加工費 $=(80,000 円+500,000 円+450,000 円) \times \dfrac{110 \times 0.5}{1,200+110 \times 0.5}$
$=45,139$ 円

B組直接材料費 $=(50,000+800,000 円) \times \dfrac{50}{1,000+50}=40,476$ 円

B組加工費 $=(85,000 円+400,000 円+360,000 円) \times \dfrac{50 \times 0.8}{1,000+50 \times 0.8}$
$=32,500$ 円

7.4 副産物の処理と評価

○ 副産物の意義

副産物とは,主産物の製造過程から,必然的に派生する副次的製品のことです。製粉業を例にとれば,主産物は小麦粉であり,副産物はふすまです。また製酒業では,主産物が清酒であり,副産物は酒粕です。一般に,副産物は主産物よりも,経済的な価値が低いものとされています。

○ 副産物の処理と評価

1. 副産物の処理

副産物が派生した場合には,原則として,通常の原価計算手続をとらず,見積売却価額等に基づいて評価を行い,その評価額を主産物の総合原価から控除して,主産物の製造原価を計算します。

2. 副産物の評価

副産物の評価は，次の5つの方法から，適切なものを選択して算定します。

(1) そのまま外部に売却できるもの

　　見積売却価額－販売費・一般管理費（－通常の利益の見積額）

(2) 加工の上売却できるもの

　　加工後の見積売却価額－加工費－販売費・一般管理費（－通常利益見積額）

(3) そのまま自家消費されるもの

　　節約されるべき物品の見積購入価額

(4) 加工の上自家消費されるもの

　　節約されるべき物品の見積購入価額－加工費の見積額

(5) 軽微な副産物

　　売却収入を原価計算外の収益（雑益など）にできる。

なお，作業屑，仕損品などの処理および評価は，副産物と同様です。

> 設例3：次の7月中の資料によって，完成品原価を計算しなさい（円位未満はすべて四捨五入）。

> [資　料]
> 1．月初仕掛品数量　800kg（進捗度80％）　直接材料費　80,000円
> 　　　　　　　　　　　　　　　　　　　　加工費　60,000円
> 2．当月投入量　7,000kg　直接材料費　900,000円
> 　　　　　　　　　　　　加工費　600,000円
> 3．完成品数量　6,500kg
> 4．月末仕掛品数量　700kg（進捗度40％）
> 5．仕損品数量　300kg（進捗度60％）　見積売却価額　1kg　20円
> 6．減損量　200kg（工程の1/2の点で発生）
> 7．副産物数量　100kg（進捗度100％）　見積売却価額　1kg　50円
> ＊1　月末仕掛品の評価は先入先出法による。材料は工程始点で投入。
> ＊2　仕損品，副産物の評価額は，完成品原価から控除する。

[解　答]
(1) **資料** 4, 5, 6 から，減損費を完成品のみに負担させる。
(2) 月末仕掛品原価の計算

直接材料費 $= 900{,}000$ 円 $\times \dfrac{700}{6{,}500-800+700+300+200+100} = 90{,}000$ 円

加工費 $= 600{,}000$ 円 $\times \dfrac{700 \times 0.4}{6{,}500-800 \times 0.8 + 700 \times 0.4 + 300 \times 0.6 + 200 \times 0.5 + 100}$
　　　$= 25{,}767$ 円

月末仕掛品合計 $= 90{,}000$ 円 $+ 25{,}767$ 円 $= 115{,}767$ 円

(3) 完成品総合原価の計算

直接材料費 $= 80{,}000$ 円 $+ 900{,}000$ 円 $- 90{,}000$ 円 $= 890{,}000$ 円

加工費 $= 60{,}000$ 円 $+ 600{,}000$ 円 $- 25{,}767$ 円 $= 634{,}233$ 円

完成品総合原価 $= 890{,}000$ 円 $+ 634{,}233$ 円 $= 1{,}524{,}233$ 円

(4) 完成品原価の計算

完成品原価 $= 1{,}524{,}233$ 円 $- (20$ 円 $\times 300\mathrm{kg} + 50$ 円 $\times 100\mathrm{kg}) = \boxed{1{,}513{,}233 \text{ 円}}$

7.5　連産品原価計算

○　連産品原価計算の意義

　同一工程において，同一原料から生産される種類の異なる製品で，主副を明確に区別できないものを，連産品といいます。連産品の典型的な例として，石油精製業におけるナフサ，重油，灯油，揮発油などをあげることができます。

　連産品の計算は，等級別総合原価計算とほとんど同じと考えてよいのですが，連産品の連結原価（連産品が分離されるまでに共通して発生する原材料費・加工費を連結原価または結合原価といいます）を按分する基準を，原価計算的な方法で合理的に決定することが難しいので，売価などの正常市価を按分基準として便法的に使うことになります。等級別総合原価計算における

等価係数は，原価の発生と関連の高い基準によって設定できますが，連産品については通常それが不可能であるため，高い価額で販売可能な製品に高い原価を負担させる負担能力主義によって等価係数を計算します。また，正常市価とは普通，過去の一定期間における各等級製品の平均販売価格をいいますが，さらに，将来の価格動向を加味して決定されたものをいうこともあります。

連産品原価計算の計算手続

　連産品原価計算は，1原価計算期間中の連結原価を，等価係数および生産数量に基づいて配分します。等価係数は，連産品の正常市価等に基づいて設定しますが，普通，分離点における売却価額を利用します（図7.3）。

　連産品計算は，分離点までに生じた連結原価を各製品へ配賦し，分離後に個々の製品に生じる追加加工等の個別費（追加加工費）は，各製品別に計算します。その際，追加加工費が生ずる場合には，加工製品の正常市価から分離後の加工費の見積額を控除した額に基づいて等価係数を決定します。なお，連産品は主副の区別をつけにくいことがあるので，副産物に準じて評価し，これを一期間の連結原価から控除した額をもって，連産品の価額とすることができます。

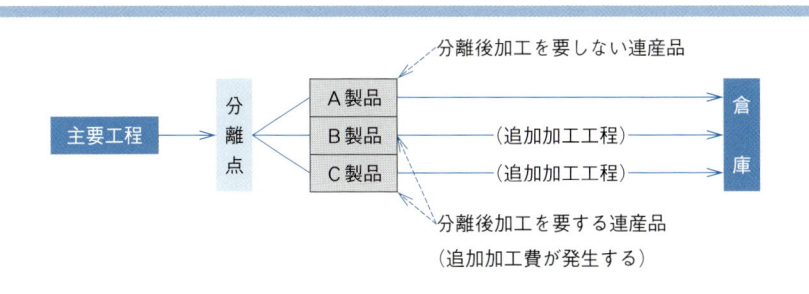

図7.3　連産品原価計算の例

設例4：神奈川工場で製造する製品A, B, C（連産品）について，当月の生産数量，見積売価および見積加工費は次のようであった。これらの資料により，各製品の製造単価を計算しなさい。

[資 料]

製品名	生産数量	見積売価(1kg)	連産品分離後の見積追加加工費
A	4,000kg	20円	20,000円
B	3,000kg	15円	15,000円
C	2,000kg	10円	5,000円

*1 当月の連結原価は80,000円であった。
*2 追加加工費の実際額は，A製品が見積額よりも1,000円少なかったが，B, C製品は同額であった。
*3 円位未満はその都度四捨五入しなさい。

[解 答]

連産品原価計算表　　　　　　　　　　　　　　（単位：円）

製品	数量(kg)	見積売価	見積売却価額	見積加工費(差引)	正常市価	按分比率	按分原価(%)	実際加工費(加算)	製造原価合計	単位原価
A	4,000	20	80,000	20,000	60,000	57	45,600	19,000	64,600	16
B	3,000	15	45,000	15,000	30,000	29	23,200	15,000	38,200	13
C	2,000	10	20,000	5,000	15,000	14	11,200	5,000	16,200	8
計	9,000	―	145,000	40,000	105,000	100	80,000	39,000	119,000	―

❖ 設例の解説

　追加加工費が生じていますから，加工製品の見積売却価額から，分離後の追加加工費の見積額を控除した額（正常市価）に基づいて，等価係数（按分比率）を決定します。連結原価80,000円に按分比率を掛けて按分原価を求めます。

7.6 材料の追加投入がある場合の処理

材料の投入についてのこれまでの説明は，製造工程の始点ですべて投入されることを前提としてきました。しかし実際には，製造工程の途中や最後に材料が追加投入されることがあります。

製造工程の途中や最後に材料が追加投入されると，追加投入によって生産量が増加する場合と，増加しない場合とがあります。また，材料の追加投入がある場合は，その追加材料費を完成品が負担するのか，月末仕掛品を含めたものが負担するのかが問題となります。

そのため，原則的には，月末仕掛品の加工進捗度を決定し，月末仕掛品に直接材料費を負担させるのか否かを決めます。追加材料費の負担は，正常仕損費の負担関係と同じ考え方をとります。次に追加材料が投入される4つの場合を示しましょう。

(1) **製造工程の始点で材料が投入される場合**

追加材料費は，月末仕掛品，完成品ともに100％含まれています。

(2) **製造工程の終点で材料が投入される場合**

追加材料費は，完成品のみに100％含まれています。

(3) **製造工程を通じて平均的に材料が投入される場合**

追加材料費の計算は，加工費の計算と同じように行います。つまり，加工進捗度を考慮した完成品換算量で，月末仕掛品と完成品に按分します。

(4) **製造工程の途中で材料が投入される場合**

材料を投入した点よりも月末仕掛品の進捗度が後にあれば（たとえば，材料投入点40％，月末仕掛品進捗度70％），追加材料費は，月末仕掛品，完成品ともに100％含まれています。したがって，追加材料費の月末仕掛品原価の計算に，加工進捗度を考慮しません。反対に，材料を投入した点よりも月

末仕掛品の進捗度が前にあれば（たとえば，材料投入点60％，月末仕掛品進捗度50％），追加材料費は，完成品のみに100％含まれています。

> **設例5**：東京工場では，2つの製造工程を使い製品Rを生産している。次の資料に基づいて，累加法による工程別総合原価計算を行っている場合の，工程別総合原価計算表を作成しなさい。

[資　料]

	第1工程	第2工程
月初仕掛品	0個	1,460個(40％)
当月投入	6,000	5,540
合　計	6,000個	7,000
完成品	5,540	5,500
月末仕掛品	400(60％)	1,500(70％)
仕　損	60	—
合　計	6,000個	7,000個

＊1　原料Aは第1工程の始点で投入され，原料Bは第2工程の加工進捗度55％の時点で投入される。
＊2　第1工程の終点で正常な仕損が発生しており，処分価額は0円である。
＊3　月末仕掛品の評価は，2つの工程ともに平均法による。
＊4　（　）内の数値は，加工進捗度を示している。

工程別総合原価計算表

（単位：円）

	第1工程			第2工程			
	原料費	加工費	合　計	前工程費	原料費	加工費	合　計
月初仕掛品原価	0	0	0	361,200	⑪	35,000	⑰
当月製造費用	600,000	484,720	1,084,720	⑦	⑫	423,500	⑱
合　計	600,000	484,720	1,084,720	⑧	21,000	458,500	⑲
月末仕掛品原価	①	②	③	⑨	⑬	⑮	⑳
完成品総合原価	④	⑤	⑥	⑩	⑭	⑯	㉑

[解 答]

① $600,000 円 \times \dfrac{400}{5,540+400+60} = 40,000 円$

② $484,720 円 \times \dfrac{240}{5,540+240+60} = 19,920 円$　　③ 59,920 円　　④ 560,000 円

⑤ 464,800 円　　⑥ 1,024,800 円　　⑦ 1,024,800 円　　⑧ 1,386,000 円

⑨ $1,386,000 円 \times \dfrac{1,500}{5,500+1,500} = 297,000 円$　　⑩ 1,089,000 円　　⑪ 0 円

⑫ 21,000 円　　⑬ $21,000 円 \times \dfrac{1,500}{5,500+1,500} = 4,500 円$　　⑭ 16,500 円

⑮ $458,500 円 \times \dfrac{1,050}{5,500+1,050} = 73,500 円$　　⑯ 385,000 円　　⑰ 396,200 円

⑱ 1,469,300 円　　⑲ 1,865,500 円　　⑳ 375,000 円　　㉑ 1,490,500 円

❖ 設例の解説

(1) 第1工程の仕損は終点発生なので，仕損費は月末仕掛品に算入しないで，完成品のみに負担させます。

(2) 第2工程の追加原料Bは，進捗度55％投入なので，月末仕掛品（70％）に含まれるが，すべて55％投入なので，加工進捗度は考慮しません。

練 習 問 題

7.1 個別原価計算と総合原価計算の相違について説明しなさい。

7.2 月末仕掛品の評価のためには，どのような資料が必要か説明しなさい。

7.3 A社の千葉工場では，単一工程により等級製品を製造している。次の資料によって，等級別総合原価計算を行い，今月の完成品総合原価と各等級製品の単位原価を求めなさい。（　　）内の数値は加工進捗度である。

[資 料]

1．生産データ

月初仕掛品	800 個	(60％)
当月投入	6,000 個	
計	6,800 個	
月末仕掛品	2,000 個	(50％)
完成品	4,800 個	

2．原価データ

	原料費	加工費
月初仕掛品原価	700,000 円	300,000 円
当月製造費用	3,498,000 円	2,399,320 円

3．完成品数量の内訳
　　X級品　2,000個，Y級品　1,800個，Z級品　1,000個
4．各等級製品1個当たり重量
　　X級品　200kg，Y級品　150kg，Z級品　130kg

＊1　等価係数は各等級製品1個当たりの重量を使用する。
＊2　原料は工程の始点ですべて投入される。
＊3　月末仕掛品の評価は先入先出法による。
＊4　計算上の端数は，その都度，円位未満四捨五入しなさい。

7.4 次の資料により，A組製品とB組製品について，組別総合原価計算表を作成しなさい。（　　）内は加工進捗度を示す。

[資　料]

1．生産データ

	A組製品	B組製品
月初仕掛品	500kg（60%）	400kg（50%）
当月投入	2,500kg	2,400kg
合　計	3,000kg	2,800kg
月末仕掛品	700kg（80%）	600kg（50%）
完 成 品	2,300kg	2,200kg
直接作業時間	3,000時間	2,800時間

2．原価データ

	A組製品	B組製品
月初仕掛品		
直接材料費	260,000円	240,000円
加　工　費	189,200円	200,000円
当月製造費用		
直接材料費	1,690,000円	1,149,600円
直接労務費	940,000円	599,400円
組間接費	1,798,000円	

＊1　直接材料は製造工程の始点ですべて投入された。
＊2　組間接費の配賦は，直接作業時間による。
＊3　月末仕掛品評価は，A組製品が平均法，B組製品が先入先出法による。
＊4　単位原価は，円位未満を四捨五入しなさい。

組別総合原価計算表　　　　（単位：円）

摘　　要	A組製品	B組製品	合　　計
当月製造費用			
直接材料費			
直接労務費			
組間接費			
計			
月初仕掛品原価			
合　　計			
月末仕掛品原価			
完 成 品 原 価			
完成品単位原価			

練習問題

第8章

標準原価計算

　標準原価計算は，原価管理を主眼とした原価計算の方法です。原価管理のためにさまざまな差異分析を行いますが，実際原価計算における差異分析との違いを理解することが大切です。また，各種の差異の計算は，定義式を丸暗記するのではなく，図を書いて理解するとよいでしょう。

○ KEY WORDS ○
原価標準，許容標準原価，
直接材料費差異（価格差異，数量差異），
直接労務費差異（賃率差異，作業時間差異），
製造間接費差異（予算差異，能率差異，操業度差異），
固定予算，変動予算

8.1 標準原価計算の意義

標準原価計算は，材料費・労務費（賃金）・製造間接費のそれぞれについて，価格・賃率・配賦率だけでなく，消費量・直接作業時間・操業度にも標準を設定して**製品の標準原価**を算定し，実際原価と比較して，原価差異を分析しようとする原価計算の方法です。

実際原価計算（第2章）においても，計算の迅速性や簡便性，季節変動の除去といった目的で，材料費については予定価格，賃金については予定賃率，製造間接費については予定配賦率といった具合に予定価格を採用しました。しかし，消費量は実際消費量のままでした。これに対し，標準原価計算では，**価格，数量ともに標準（予定）の数値を使って消費額を計算**します。その結果，原価に作業能率を反映させることができるようになります。

これを確認するために以下の例題を考えてみましょう。

設例1：A工場では製品xを連続的に生産している。次の資料に基づいて，
① 実際原価計算による製造間接費配賦差異
② 標準原価計算による製造間接費配賦差異
を計算しなさい。
なお，本工場では製造間接費の配賦基準には直接作業時間を用いている。

[資　料]
1．予算および標準データ
　① 月間の基準直接作業時間　　　　10,000 時間
　② 上記における製造間接費予算額　1,200,000 円
　③ 製品x1個当たりの標準直接作業時間　2時間/個
2．生産データ
　① 製品xの生産
　　　　月初仕掛品　　　0個

当月着手　　5,000
　　合　計　　　5,000
　　月末仕掛品　　600（加工進捗度50％）
　　完 成 品　4,400個
② 実際直接作業時間　　　9,500時間
③ 実際製造間接費発生額　1,150,000円

＊1　製造間接費の製品に対する配賦基準は直接作業時間である。
＊2　予定配賦率と標準配賦率は等しいとする。

[解　答]

① －10,000円（不利差異）

② －22,000円（不利差異）

❖ 設例の解説

　まず，製造間接費の配賦率を計算します。これは実際原価計算（予定配賦率）でも標準原価計算（標準配賦率）でも同じになります。

$$予定（標準）配賦率 = \frac{製造間接費予算額}{基準直接作業時間} = \frac{1,200,000}{10,000} = 120 円/時$$

　配賦額を計算するのに，実際原価計算は実際直接作業時間を，標準原価計算は標準直接作業時間を用いることに注意しましょう。

① 実際原価計算による配賦差異

　　予定配賦額＝9,500時間×120円/時＝1,140,000円
　　配賦差異＝予定配賦額－実際発生額
　　　　　　＝1,140,000円－1,150,000円＝－10,000円（不利差異）

② 標準原価計算による配賦差異

　まず，能率（標準直接作業時間）を測定するために当月着手換算量を計算します。間接作業は当月の完成品だけでなく仕掛品の生産分にも費やされているはずなので，当月の間接作業が完成品に換算してどれだけの生産量に結びついたか（これが当月着手換算量です）を測定するわけです。

　　当月着手換算量＝完成品数量4,400個－月初仕掛品換算量0個
　　　　　　　　　＋月末仕掛品換算量300個＝4,700個

　この当月着手換算量に製品x1個当たりの標準直接作業時間を掛けると標準直接作業時間が求められます。

　　標準直接作業時間＝4,700個×2時間/個＝9,400時間

　これに標準配賦率を掛け，配賦差異を求めます。

[実際原価計算の場合] [標準原価計算の場合]

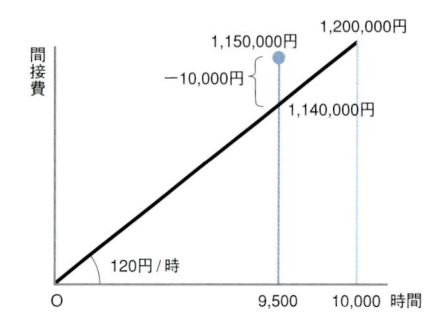

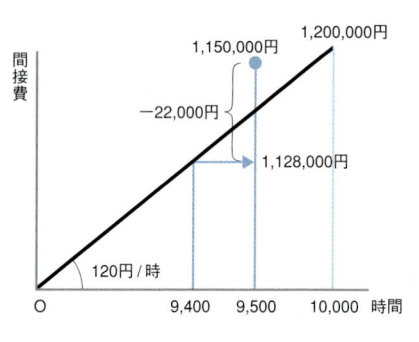

図8.1 実際原価計算と標準原価計算の違い（製造間接費の配賦）

標準配賦額＝9,400時間×120円/時＝1,128,000円
配賦差異＝標準配賦額－実際発生額
　　　　＝1,128,000円－1,150,000円＝－22,000円（不利差異）

以上を図示すると，図8.1のようになります。

8.2　標準原価計算の目的

「原価計算基準」は標準原価計算の目的として，原価管理目的，財務諸表作成目的，予算編成目的，記帳の簡略化と迅速化の4つをあげています。これらの目的は「財務諸表作成目的」という財務会計上の目的と「経営管理目的」という管理会計上の目的に大別することができます。

○ 財務諸表作成目的

1．製品原価の算定

　仕掛品，製品等の棚卸資産価額および売上原価の算定の基礎となる真実の原価として標準原価を算定します。標準原価計算は，異常事態や回避可能な不能率に起因する損失や浪費を除いて「あるべき原価」を算定し，報告することを目的としています。

2．記帳の簡略化・迅速化

　標準原価を勘定組織の中に組み入れることによって，記帳を簡略化し，迅速化することができるようになります。標準原価の組み入れによって，以降の記録が簡便な数量記録だけで足り，見積原価計算と同様に実際価格や実際消費量の確定を待たずに製品原価を算定することができます。

○ 経営管理目的

1．効果的な原価管理の遂行

　原価管理を効果的にするための原価の標準として標準原価を設定します。「原価計算基準」はこれを最も重要な目的としています。

　標準原価計算は，科学的・統計的調査によって設定された標準原価を製造活動における財やサービスの生産的消費活動の達成標準として事前に提示します。したがって，標準原価は，各管理者の指揮・監督活動を方向づけ，実際原価との差異の分析結果に基づくその後の修正措置や，諸計画の代替的な組合せの新たな選択の基準となります。

　同時に標準原価は，全社的な原価引き下げ方針に基づいて設定される原価低減計画を反映する会計数値となります。この方針は企業の長期または短期の利益計画を反映することになります。つまり，標準原価計算は，各作業現場で展開される原価統制活動を，全体の原価低減計画に有機的に結びつけて，

当該計画の達成に貢献することを目的としています。その際，過去の標準原価データが，原価引下げ方針の設定，材料購入，作業，工場管理活動などの計画に対しても有効な意思決定情報を提供すると期待されます。

2．予算編成

予算，特に見積財務諸表の作成に信頼しうる基礎を提供するために標準原価を算定します。科学的・統計的調査によって設定された標準原価は，製造費用予算や損益計算を構成する売上原価予算を合理的に編成する基礎となります。

3．価格設定

価格設定の基礎となる標準原価を算定します。特に受注生産企業における受注価格の決定に当たって，科学的・統計的調査によって標準製品原価を算定し，これに通常生じる不能率差異を加味してより合理的で信頼性の高い原価資料を提供することを目的とします。

4．その他の計画設定

その他の個別計画の設定の基礎となる標準原価を算定します。予算編成にも関連する製品組み合わせ決定，部品の自製・外注の決定等の個別的選択事項や製品，生産設備など経営構造に関する基本的事項についての意思決定に必要な原価資料を提供することを目的としています。

8.3 標準原価計算の手続

標準原価計算の手続は次のように行われます。

① 原価標準の設定　　　　　Plan　（計画）
② 実際原価の計算　　　　　
③ 許容標準原価の計算　　　Do　　（実行）
④ 原価差異の算定と分析　　Check（検証）
⑤ 原価報告
⑥ 原価差異の処理　　　　　Action（処理およびフィードバック）

1．原価標準の設定

まず，製品1単位当たりの標準原価を設定します。これを原価標準といいます。この場合，図8.2のように，直接材料費，直接労務費，製造間接費といった各原価要素別に標準が設定され，それらを集計したものが原価標準となります。原価標準の内訳を示したものを標準原価カードと呼びます（図8.2）。

なお，原価標準の設定に当たっては，現場管理者も加えて科学的・統計

標準原価カード

原価標準
　標準直接材料費＝標準価格×標準消費量
　標準直接労務費＝標準賃率×標準直接作業時間
　標準製造間接費＝標準配賦率×標準操業度

図8.2　原価標準と標準原価カード

的・客観的な見地から標準を設定することが重要です。

2．実際原価の計算
全部原価計算の手続によって実際原価を算定します。

3．許容標準原価の計算
製品の実際生産量が把握されたら，それに原価標準を掛けて，標準原価を算定します。これは実際の生産活動によって生じるべき標準原価であり，許容標準原価と呼ばれます。許容標準原価の算定によって，非能率が金額で測定されます。

4．原価差異の算定と分析
③の許容標準原価と②の実際原価とを比較し，原価差異を把握します。実際原価が許容標準原価を上回る場合（許容標準原価＜実際原価）は不利差異（マイナスの差異）もしくは借方差異と呼び，実際原価が標準原価を下回る場合（許容標準原価＞実際原価）は有利差異（プラスの差異）もしくは貸方差異と呼びます。

さらにこの差異を分解し詳細に分析しますが，具体的な手続については，8.5節で解説します。

5．原 価 報 告
差異分析の結果を関連のある各経営管理者に報告します。これによって経営管理者は業績評価を行い，必要があれば標準の見直しを行います。

6．原価差異の処理
原価差異は年度末に適正に処理されなくてはなりません。処理方法としては，売上原価に加減する方法，営業外損益とする方法，売上原価と棚卸資産とに配分する方法があります。

8.4 標準原価の分類

標準原価は，その厳格度によって理想標準原価，現実的標準原価，正常標準原価の3つに分類されます。

1．理想標準原価

技術的に達成可能な操業度のもとで，最高能率を表す最低の原価をいいます。財・サービスを最も有利に購入する場合の理想価格標準と減損，仕損，遊休時間等の余裕を許容しない理想能率標準とによって求められる標準原価です。現実には実現不可能な標準原価であり，原価管理には適しませんが，目標設定の資料として有効です。

2．現実的標準原価

通常生じると認められる程度の減損，仕損，遊休時間等の余裕を含む良好能率のもとで達成が期待される原価です。短期において予想される予定価格標準，予定操業度とによって求められる標準原価です。これらの諸条件の変化にともなってしばしば改訂されます。原価管理に最も適し，棚卸資産の算定や予算編成のためにも用いられます（「基準」四(1)）。

3．正常標準原価

経営における異常な状態を排除し，比較的長期にわたる過去の実績数値を統計的に平準化して将来の趨勢を加味した正常価格標準，正常能率標準，正常操業度に基づいて計算される標準原価です。予測の対象期間中は改訂されないので，経済の安定している場合に，棚卸資産の算定に最も適し，原価管理の標準としても用いられます（「基準」四(1)）。

標準原価の水準をどのように決定するかは，それによって関係者の業績評

価が左右されるので，きわめて行動科学的な問題をはらんでいるといえます。企業側にとっては厳しい標準を設定し，それが実現されれば申し分のないところでありますが，評価される側にとっては，余裕がなくなり，締めつけが厳しいと感じ，達成しようという気が薄れてしまう可能性が高まります。それに対して，あまりにも緩やかな標準では，達成が容易であるため，現場側が恩恵を受けたとしても，企業の原価低減目標に到達することが難しくなってしまいます。大切なのは，達成可能な幅の中でどこに水準を定めるかということになります。非効率を排除するように導き，かつ努力して達成することが可能な水準を探し出すことが必要となるわけです。標準の決定プロセスに従業員を参加させ，相互に納得のいく数値を導き出すことが一つの解決策となるでしょう。

8.5　原価差異の算定と分析

　原価差異を算定し，分析する目的は，その結果を各階層の経営管理者に提供し，原価管理に役立てることにあります。また，財務会計目的のためには，原価差異を適正に処理し，製品原価および損益を確定することにあります。

　原価差異は，次の3つから構成されます。

① 直接材料費差異
② 直接労務費差異
③ 製造間接費差異

　さらに，それぞれの差異はいくつかの差異に細かく分解され，原価管理のためのより詳細な情報を提供します。数値例でこれを確認してみましょう。なお，番号は8.3節の1～4で解説した標準原価計算の手続に対応しています。

◯ 数値例による説明

(1) 原価標準の設定

いま、ある製品の原価標準が次の資料のように設定されたとします。

[資 料]
標準原価カード

	標準消費数量	標準単価	
直接材料費	3kg ×	@1,000円 =	3,000円
	標準作業時間	標準賃率	
直接労務費	20時間 ×	@700円 =	14,000円
	標準作業時間	標準配賦率	
製造間接費	20時間 ×	600円/時 =	12,000円
		原価標準	29,000円

また、この工場が1カ月300台の製品を生産すると仮定すると、月間の予算額は300台×29,000円=8,700,000円となります。また月間の標準操業度（作業時間）は、300台×20時間=6,000時間となります。

(2) 実際原価の計算

上記の状況のもとで、ある月の実際生産データと原価データが次の資料のようであったとしましょう。

[資 料]

1. 生産データ
   - 月初仕掛品　60台（進捗度60％）
   - 当月着手　　250
   - 小　計　　　310
   - 月末仕掛品　10　（進捗度60％）
   - 完成品　　　300台

2. 原価データ
   - 直接材料費　　798,000円
   - 直接労務費　3,944,000円
   - 製造間接費　3,658,000円
   - 　　　　　　8,400,000円

＊1　材料はすべて工程の始点で投入されている。

(3) 許容標準原価の計算

1カ月の標準生産量は300台ですが、今月の生産データを見ると直接材料

費ベースで250台，加工費（直接労務費＋製造間接費）ベースで270台の生産量となります。標準と実際それぞれの生産台数が異なるので，直接材料費については250台（加工費については270台）を許容して，この台数を生産するときの標準原価を計算します。これが<u>許容標準原価</u>です。

$$標準直接材料費＝250台×3kg×@1,000円 ＝ 750,000円$$
$$標準直接労務費＝270台×20時間×@700円＝3,780,000円$$
$$標準製造間接費＝270台×20時間×@600円＝\underline{3,240,000円}$$
$$7,770,000円$$

◆実際生産量（当月生産換算量）は次の式によって計算されます。

実際生産量（当月生産換算量）＝完成品数量＋月末仕掛品完成品換算量
　　　　　　　　　　　　　　　－月初仕掛品完成品換算量

したがって，加工費については，300台＋6台－36台＝270台となります。

(4) 原価差異の算定と分析

250台（270台）生産するには，7,770,000円の予算のところ，実際には8,400,000円発生させてしまったことが分かります。

したがって，原価差異は次のように計算されます。

原価差異＝許容標準原価7,770,000円－実際原価8,400,000円
　　　　＝－630,000円

つまり630,000円の不利差異が発生したことが分かります。

また，直接材料費，直接労務費，製造間接費のそれぞれについても差異が認識されます。

$$直接材料費差異＝許容標準直接材料費－実際直接材料費＝ －48,000円$$
$$直接労務費差異＝許容標準直接労務費－実際直接労務費＝－164,000円$$
$$製造間接費差異＝許容標準製造間接費－実際製造間接費＝\underline{－418,000円}$$
$$－630,000円$$

よって，原価差異＝直接材料費差異＋直接労務費差異＋製造間接費差異＝－630,000円となることを確認しましょう。

それでは，それぞれの差異について詳細に検討していくことにしましょう。

◯ 直接材料費差異

　直接材料費差異は，材料の種類別・部門別に標準と実際の差額として計算されます。

> 直接材料費差異＝標準直接材料費－実際直接材料費

　直接材料費差異は，さらに価格差異と数量差異に分解され，より詳細に差異の原因が分析されます。

> 直接材料費差異＝価格差異＋数量差異
> 価格差異＝（標準価格－実際価格）×実際消費量
> 数量差異＝（標準消費数量－実際消費数量）×標準価格

　この関係を図で示すと図8.3のようになります。

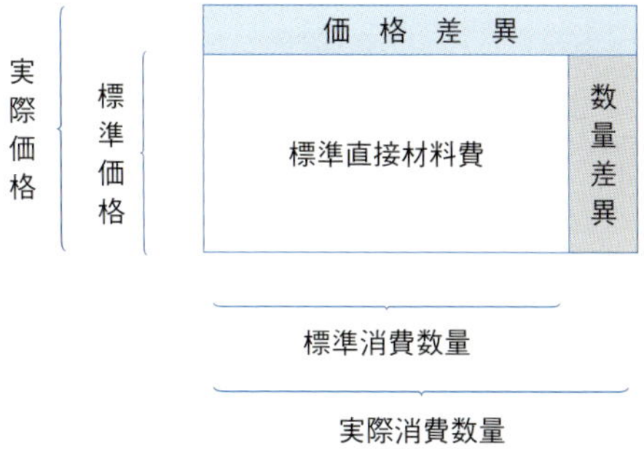

図8.3　価格差異と数量差異

設例2：先程の数値例（169頁）において，実際直接材料費798,000円の内訳が，実際消費量760kg×実際単価@1,050円であったとするとき，価格差異，数量差異を計算しなさい。

[解　答]

標準消費数量　750kg（250台×3kg）　　　標準単価　@1,000円
実際消費数量　760kg　　　　　　　　　　実際単価　@1,050円
価格差異＝760kg×（@1,000円－@1,050円）＝－38,000円（不利差異）
数量差異＝（750kg－760kg）×@1,000円　　＝－10,000円（不利差異）
　　　　　　　　　　　　　　　　　　　　　－48,000円（不利差異）

公式でも計算できますが，図に当てはめてみるとより簡単です。

この計算を図で表すと図8.4のようになります。

価格差異と数量差異を合計すると，直接材料費差異－48,000円に一致することを確認しましょう。

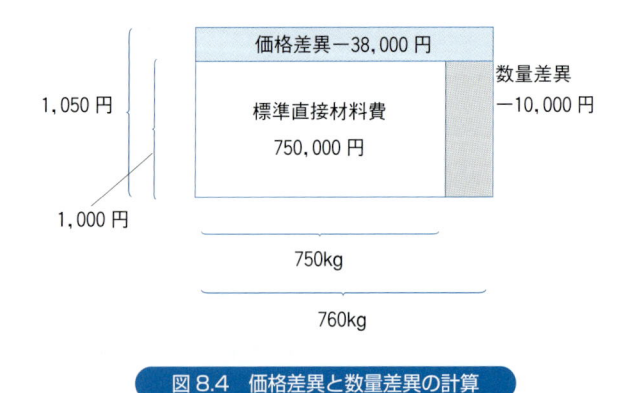

図8.4　価格差異と数量差異の計算

> **コラム** 混合差異
>
> 　価格差異を計算するのに標準消費数量ではなく実際消費数量を掛けるのは，混合差異（図の黒い部分）を価格差異に入れるためです。
>
> 　混合差異は，価格と数量がともに影響を及ぼす部分ですが，これを価格差異に含めることによって数量差異は純粋に材料消費の効率性のよしあしを表すことになります。工場の管理者にとって，一般に材料価格は市場で決まるため管理が困難であるのに対し，消費数量は管理が可能であるので，その原価責任を問うためにこのような数量差異の明確化が必要とされるのです。
>
> | 価　格　差　異 | |
> |---|---|
> | 標準直接材料費 | 数量差異 |

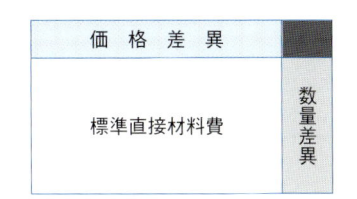

○ 直接労務費差異

　直接労務費差異は，基本的な考え方は直接材料費差異と同じであり，**部門別または作業の種類別に標準と実際の差額**として計算されます。

> 直接労務費差異＝標準直接労務費－実際直接労務費

　直接労務費差異は，さらに**賃率差異**と**作業時間差異**に分解され，より詳しく差異原因の分析が行われます。

> 直接労務費差異＝賃率差異＋作業時間差異
> 賃率差異＝（標準賃率－実際賃率）×実際作業時間
> 作業時間差異＝（標準作業時間－実際作業時間）×標準賃率

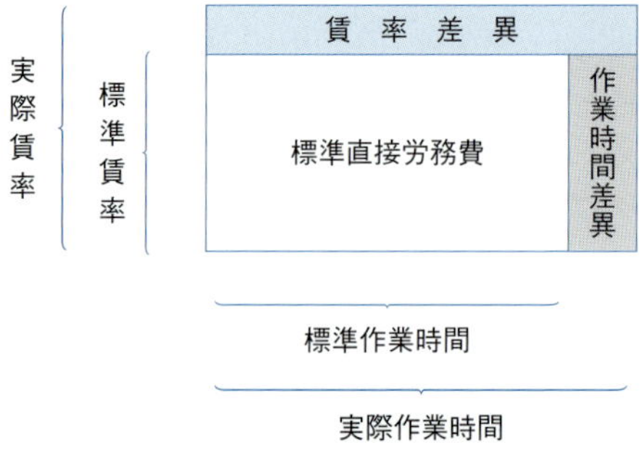

図8.5　賃率差異と作業時間差異

この関係を図で示すと図8.5のようになります。

> **設例3**：先程の数値例（169頁）において，実際直接労務費3,944,000円の内訳が，実際作業時間5,800時間×実際賃率@680円であったとするとき，価格差異，数量差異を計算しなさい。

[解　答]

標準作業時間　5,400時間（270台×20時間）　　標準賃率　@700円
実際作業時間　5,800時間　　　　　　　　　　実際賃率　@680円
賃率差異＝5,800時間×（@700円－@680円）　　＝＋116,000円（有利差異）
作業時間差異＝（5,400時間－5,800時間）×@700円＝－280,000円（不利差異）
　　　　　　　　　　　　　　　　　　　　　　　　－164,000円（不利差異）

この設例を図で計算すると図8.6のようになります。

賃率差異と作業時間差異を合計すると，直接労務費差異－164,000円に一致することを確認しましょう。

```
                    賃率差異＋116,000円
        ┌─────────────────────────┐
680円   │                         │ 作業時間差異
        │   標準直接労務費         │ －280,000円
        │   750,000円             │
        │                         │
700円   └─────────────────────────┘

              5,400時間
              5,800時間
```

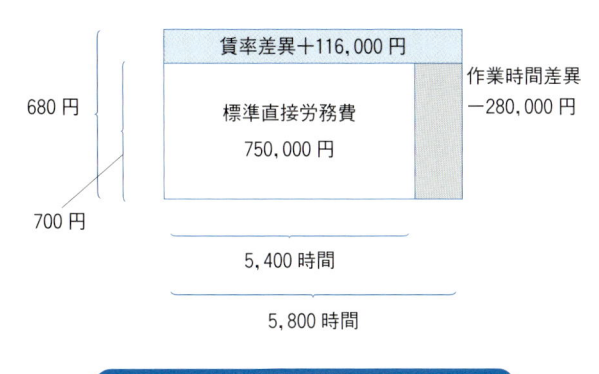

図8.6　賃率差異と作業時間差異の計算

○ 製造間接費差異

製造間接費差異は，製造間接費の標準配賦額と実際発生額の差額として求められます。

> 製造間接費差異＝製造間接費標準配賦額－製造間接費実際発生額

直接材料費差異や直接労務費差異の分析が比較的簡単で分かりやすいのに対し，製造間接費差異の分析は複雑で分かりにくい面を有しています。その理由として，製造間接費は，①さまざまな性格をもつ多くの原価要素から構成されている，②物量的基準に基づかず金額のみで示される，③固定費的な性格をもつ費目が多い，といった点があげられます。

また，製造間接費の差異分析を行う前に，分析の基準となる標準製造間接費の設定方法について学ばなくてはなりません。これには固定予算と変動予算があります。

1. 固定予算

固定予算とは，操業度の変動によっても変更しない予算をいいます。固定予算では，製造間接費差異を，予算差異，操業度差異，能率差異の3つに分解して分析を行います。

> 製造間接費差異＝製造間接費（許容）標準配賦額－製造間接費実際発生額
>   　　　　　　＝予算差異＋操業度差異＋能率差異
> 予算差異＝製造間接費固定予算額－実際発生額
> 操業度差異＝標準配賦率×実際作業時間－製造間接費固定予算額
> 能率差異＝（許容標準作業時間－実際作業時間）×標準配賦率

予算差異は予算額と実際発生額の差を表し，操業度差異は実際操業度と基準操業度の差から生じる配賦差異を表します。ここまでは，実際原価計算における製造間接費の予定配賦（固定予算）と同じですが，標準原価計算ではさらに能率を測定する能率差異を算定します。能率差異は，実際の作業能率と標準作業能率の差から生じる配賦差異を表します。なお，許容標準作業時間とは，実際生産量を生産するのに許容される標準作業時間であり，計算上，1単位当たりの標準作業時間×実際生産量で求められます。

製造間接費差異の分解を，図解すると図8.7になります。

> 設例4：先程の数値例（169頁）で，固定予算を採用している場合，予算差異，操業度差異，能率差異を計算しなさい。

[資　料]
　月間製造間接費予算額　3,600,000円
　月間基準作業時間　6,000時間

> 標準原価カード（製造間接費）
> 　標準配賦率×標準作業時間
> 　600円/時×20時間＝12,000円

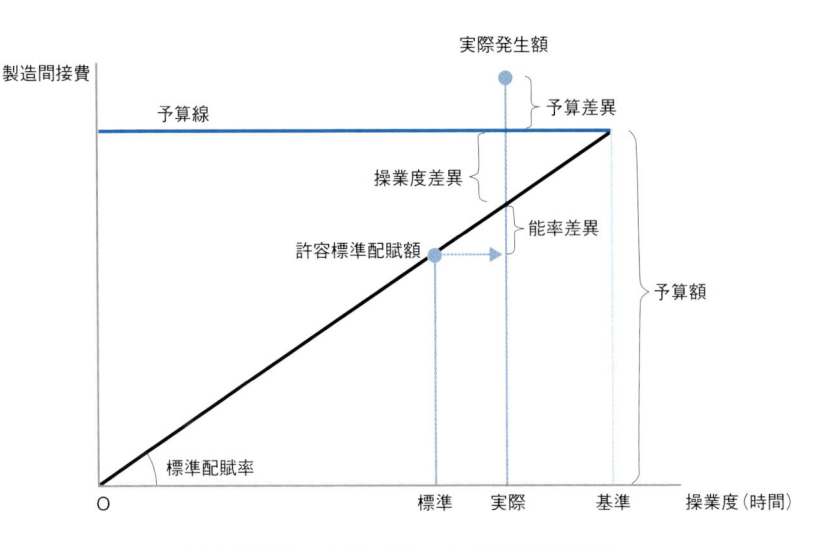

図 8.7 製造間接費差異の分解（固定予算）

```
実際直接作業時間    5,800 時間
製造間接費実際発生額  3,658,000 円
実際生産量（当月生産換算量） 270 台
```

[解　答]

　許容標準作業時間：実際生産量×標準作業時間

$$270\,台 \times 20\,時間 = 5{,}400\,時間$$

①製造間接費差異＝5,400 時間×600 円/時－3,658,000 円＝－418,000 円(不利差異)
②予算差異＝3,600,000 円－3,658,000 円＝－58,000 円(不利差異)
③操業度差異＝600 円/時×5,800 時間－3,600,000 円＝－120,000 円(不利差異)
④能率差異＝(5,400 時間－5,800 時間)×600 円/時＝－240,000 円(不利差異)

$$-418{,}000\,円$$

図で計算すると図 8.8 のようになります。

図中:
- 製造間接費
- 予算線
- 実際発生額 3,658,000円
- 予算差異 −58,000円
- 操業度差異 −120,000円
- 能率差異 −240,000円
- 許容標準配賦額 3,240,000
- 予算額 3,600,000円
- 標準配賦率 600円/時
- 標準 5,400　実際 5,800　基準 6,000
- 操業度（時間）

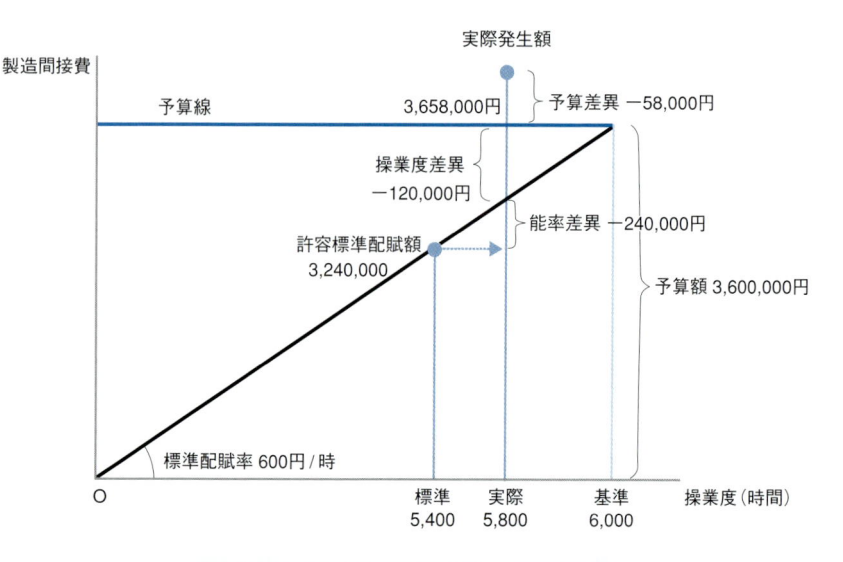

図8.8　製造間接費差異の計算（固定予算）

2．変動予算

　変動予算とは，**操業度の変化に応じて変動する予算**をいいます。変動予算では，製造間接費は操業度との関連で，**変動費と固定費に分解**されます。したがって，変動予算における製造間接費予算額は，次の式で表すことができます。

> 製造間接費予算額＝固定費＋操業度当たり変動費×操業度

　この関係を図示すれば，図8.9のようになります。
　次に，製造間接費差異の分析に入りますが，変動予算でも製造間接費差異は，原則として**予算差異**，**操業度差異**，**能率差異**に分解されますが，分類方法によって，最大で4つ，最小で2つの差異に分解されます。ここでは，よ

図8.9　変動予算

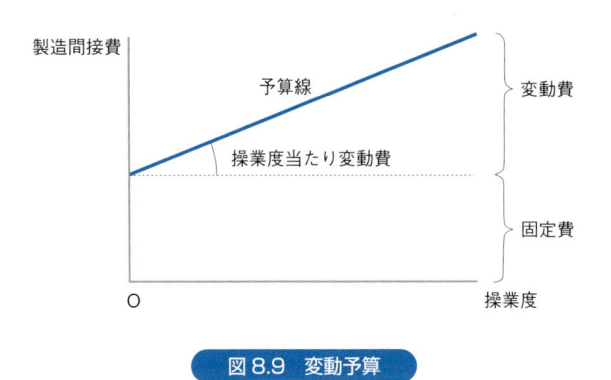

り詳細な四分法について解説します。

四分法の場合，製造間接費差異は，予算差異，変動費能率差異，固定費能率差異，操業度差異に分解されます。

> 製造間接費差異＝予算差異＋変動費能率差異
> 　　　　　　　　＋固定費能率差異＋操業度差異
> 予算差異＝実際時間に対する予算額－実際発生額
> 変動費能率差異＝（許容標準時間－実際時間）×操業度当たり変動費
> 固定費能率差異＝（許容標準時間－実際時間）×操業度当たり固定費
> 操業度差異＝（実際時間－基準時間）×操業度当たり固定費

ここで，操業度当たり固定費は，固定費の回収状況（生産能力の利用度）を知るのに使われます。また，標準配賦率＝操業度当たり変動費（変動費配賦率）＋操業度当たり固定費（固定費配賦率）となります。

この4つの差異の計算構造を図示すると，図8.10のようになります。

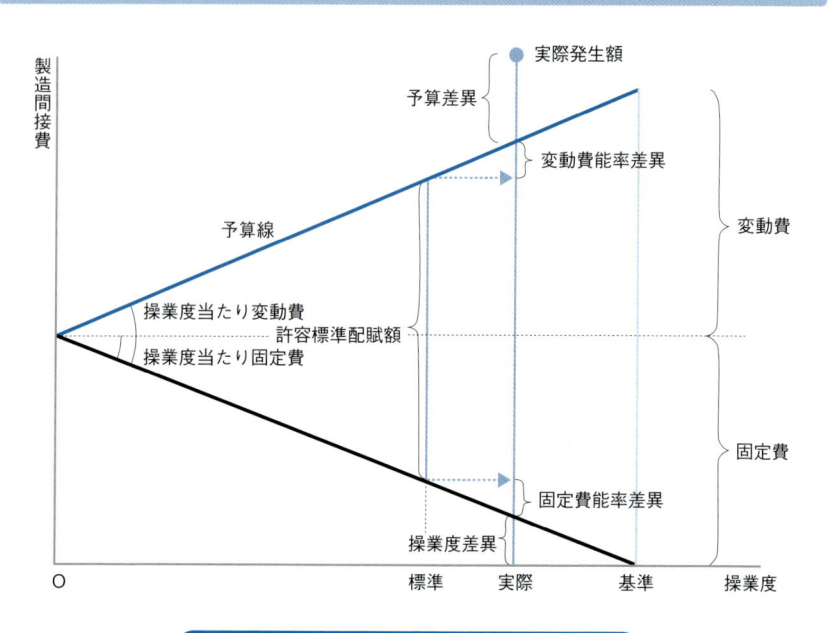

図8.10 製造間接費差異の分解（変動予算）

設例5：先程の数値例（169頁）で，変動予算を採用している場合，予算差異，操業度差異，能率差異を計算しなさい。ただし，標準配賦率は，操業度当たり変動費：200円/時，操業度当たり固定費：400円/時に分解されるとします。

[資　料]

月間製造間接費予算額　3,000,000円
月間基準作業時間　　　6,000時間

標準原価カード（製造間接費）
　標準配賦率×標準作業時間
　600円/時×20時間＝12,000円

（操業度当たり変動費：200円/時，

操業度当たり固定費：400 円/時
　　　実際直接作業時間　　　　　　5,800 時間
　　　製造間接費実際発生額　　　　3,658,000 円
　　　実際生産量（当月生産換算量）　　270 台

[解　答]
　　許容標準作業時間：実際生産量×標準作業時間
　　　　　　　　　　270 台×20 時間＝5,400 時間
　①製造間接費差異＝5,400 時間×600 円/時－3,658,000 円
　　　　　　　　　＝－418,000 円（不利差異）
　②予算差異＝（2,400,000 円＋200 円/時×5,800 時間）－3,658,000 円
　　　　　　＝－98,000 円（不利差異）
　③変動費能率差異＝（5,400 時間－5,800 時間）×200 円/時
　　　　　　　　　＝－80,000 円（不利差異）
　④固定費能率差異＝（5,400 時間－5,800 時間）×400 円/時
　　　　　　　　　＝－160,000 円（不利差異）
　⑤操業度差異＝（5,800 時間－6,000 時間）×400 円/時
　　　　　　　＝－80,000 円（不利差異）
　　　　　　　　－418,000 円（　〃　）

　この計算を図解すると，図 8.11 のようになります。
　ここでは，四分法による差異分析を示しましたが，三分法（第一法，第二法），二分法の関係を示すと次のようになります。四分法を基本にして，必要に応じて分類すればよいことが分かります（図 8.12）。

製造間接費

実際発生額 3,658,000円
−98,000円 予算差異
変動費能率差異 −80,000円
変動費 1,200,000円
予算線
操業度当たり変動費 200円／時
許容標準配賦額 3,240,000円
操業度当たり固定費 400円／時
固定費 2,400,000円
固定費能率差異 −160,000円
−80,000円 操業度差異

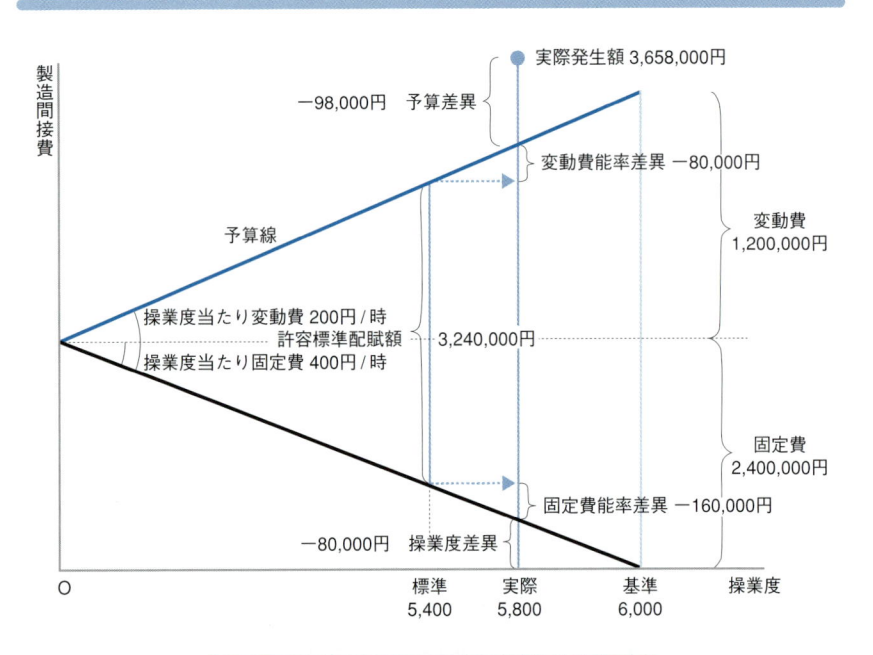

標準 5,400　実際 5,800　基準 6,000　操業度

図8.11　製造間接費差異の計算（変動予算）

四分法	三分法		二分法
予 算 差 異	予 算 差 異	予 算 差 異	管 理 可 能 差 異
変動費能率差異	能 率 差 異	能 率 差 異	
固定費能率差異	操 業 度 差 異		操 業 度 差 異
操 業 度 差 異		操 業 度 差 異	

図8.12　変動予算における差異の分類

8.6 原価差異の処理

標準原価計算で計算される各種の原価差異は，月末に算定され，会計期末にその集計額が把握されます。期末における原価差異の処理は次のようになります（「原価計算基準」47）。
① 売上原価に賦課する（原則）
② 売上原価と期末棚卸資産に配賦する（標準価格等の設定が不適当な場合）
③ 非原価項目とする（異常な状態に基づく場合）

原価差異は，その金額（もしくは数量）が正常であると判断された場合には売上原価に加算されます。しかし，標準価格等の設定が不適当なために，比較的多額の原価差異が生じてしまった場合は，売上原価と期末棚卸資産に配賦されます。さらに，なんらかの理由による工場の停止など，異常な事態によって生じた原価差異は売上原価とすることは適当ではないために営業外費用や特別損失といった非原価項目として処理されます。

練習問題

8.1 A工場はy製品を継続して生産しているが，当月から標準原価計算制度を採用することとなった。次の資料に基づき，以下の問いに答えなさい。
(問) 1. 当月完成品（100台）の標準製造原価はいくらか。
(問) 2. 月末仕掛品（4台）の標準製造原価はいくらか。
(問) 3. 材料消費数量差異はいくらか。
(問) 4. 作業時間差異はいくらか。また，賃率差異はいくらか。
(問) 5. 製造間接費差異はいくらか（予算，能率，操業度の各差異に分けるには及ばない）。

[資 料]
1．y製品1台当たり原価標準

直接材料費	10トン@12千円	120千円
直接労務費	15時間@ 4千円	60千円
製造間接費配賦額	15時間@ 8千円	120千円
		300千円

2．当月の製造に関するデータ
① 月初仕掛品　　　　0台
　　月末仕掛品　　　　4　（加工進捗度50％）
② 当月製造開始数量　104
　　完成数量　　　　　100台

3．当月の原価に関するデータ
① 直接材料
　　月初在庫　　10トン@12千円
　　買　　入　1,100トン@12千円
　　払　　出　1,060トン
　　月末在庫　　50トン
なお，直接材料は加工開始時に全部投入する。
② 直接作業時間　1,560時間
　　直接賃金実際支給高（未払いはない）　6,552千円
③ 製造間接費実際発生高　12,200千円

8.2　製品Zを製造するB工場では標準原価制度を採用し，原価管理に役立てるべく，原価要素別に標準原価差額の差異分析を行っている。以下の資料に基づき，次の各問に答えなさい。

(問)1．直接材料費差異はいくらか。
(問)2．価格差異はいくらか。
(問)3．数量差異はいくらか。
(問)4．製造間接費差異はいくらか。
(問)5．当工場では，製造間接費の差異分析は変動予算で四分法で行っている。
　　　　このとき，それぞれの差異はいくらになるか。

[資　料]
1. 製品Z標準原価カード

	標準消費数量		標準単価	
直接材料費	10kg	×	@240円 =	2,400円
	標準作業時間		標準賃率	
直接労務費	2時間	×	@1,500円 =	3,000円
	標準作業時間		標準配賦率	
製造間接費	2時間	×	@1,300円 =	2,600円
			原価標準	8,000円

2. 製造間接費変動予算
　　操業度当たり変動費　600円/時　　　固定費（月額）　2,100,000円
3. 当月の生産実績
　　月初仕掛品　　300個（加工進捗度50%）
　　当月着手　　1,300個
　　合　　計　　1,600個
　　月末仕掛品　　100個（加工進捗度50%）
　　完 成 品　　1,500個
　材料はすべて工程の始点で投入している。
4. 当月直接材料実際発生額
　　@235円/kg×14,000kg＝3,290,000円
5. 当月実際作業時間　2,900時間
6. 当月製造間接費実際発生額　3,850,000円

第9章

直接原価計算

　これまで見てきた原価計算の方法は，製造や販売等に要したすべての原価を算入して総原価を求めることから全部原価計算と呼ばれています。これに対し，直接原価計算は，原価を変動費と固定費に分解し，変動費に焦点を当てる原価計算の方法です。そのため，部分原価計算とも呼ばれます。

　生産量を増加させると，製品単位当たり固定費は低くなるために，製造原価を低減させようとすると，過剰生産という誤った意思決定をもたらす可能性があります。よって，製造原価から固定費を外すことによって，最適な生産量ひいては利益管理が期待されるのです。これが直接原価計算の目的です。

○ KEY WORDS ○

全部原価計算，部分原価計算，変動費，固定費，
変動製造原価，固定製造原価，変動製造マージン，
限界利益，固定費調整

9.1　直接原価計算の意義

　いま，製造原価のうち固定費部分（これを固定製造原価といいます）のみを考えてみましょう．仮に，固定製造原価が100,000円であるとすると，製品単位あたりの固定製造原価は，生産量を1単位，10単位，100単位，1,000単位と増やすことにより，100,000円，10,000円，1,000円，100円と減少していきます．つまり，製品を作れば作るほど製造原価の単位当たりの固定費負担は低くなるわけです．

　これに対し，変動製造原価は，仮に単位当たり400円とすると，生産量を増やしても単位当たり変動製造原価は400円で変化しません．以上の議論をまとめると，表9.1のようになります．固定費を製造原価に含めると，工場長は原価を低くするために過剰生産するかもしれません．しかし，変動製造原価だけで製品原価を見ると，もはや過剰生産する誘因はなくなり，販売に見合った生産活動に落ち着くことになるでしょう．

　このように，直接原価計算は，総原価（製造原価，販売費および一般管理

表9.1　生産量に対する固定製造原価と変動製造原価の関係

生産量 単位当たり	1単位	10単位	100単位	1,000単位
固定製造原価 （100,000円）	100,000円	10,000円	1,000円	100円
変動製造原価 （400円/単位）	400円	400円	400円	400円
総製造原価	100,400円	10,400円	1,400円	500円

[直接原価計算]

損益計算書

Ⅰ 売 上 高　　　　　　　　　　×××
Ⅱ 変 動 売 上 原 価　　　　　　×××
　　変動製造マージン　　　　　　×××
Ⅲ 変 動 販 売 費　　　　　　　×××
　　限 界 利 益　　　　　　　　×××
Ⅳ 固　　定　　費
　　1　固定製造原価　　　　×××
　　2　固定販売費および一般管理費　×××　×××
　　　　営　業　利　益　　　　　×××

[全部原価計算]

損益計算書

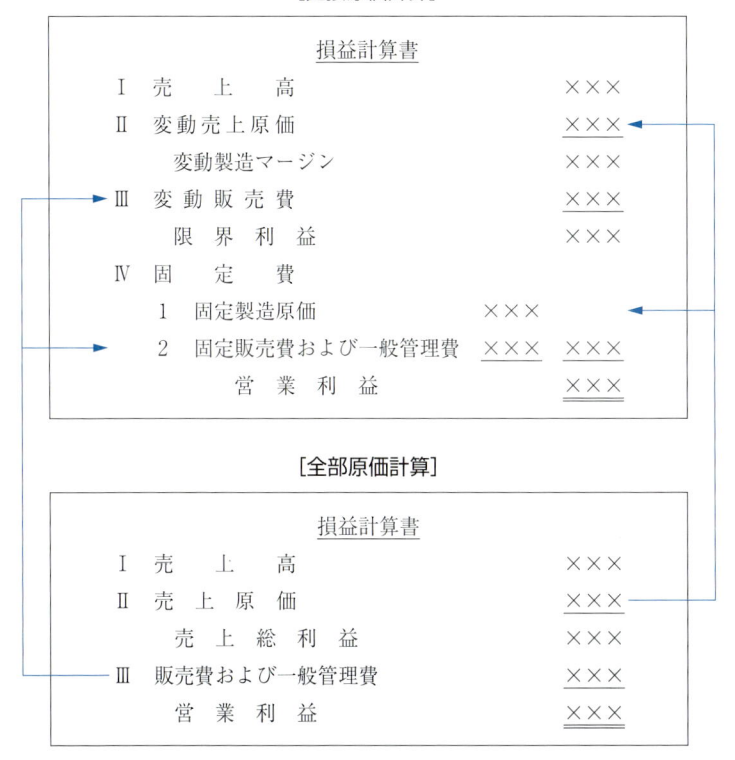

Ⅰ 売 上 高　　　　　　　　　　×××
Ⅱ 売 上 原 価　　　　　　　　×××
　　売 上 総 利 益　　　　　　×××
Ⅲ 販売費および一般管理費　　　×××
　　営　業　利　益　　　　　　×××

図 9.1　直接原価計算と全部原価計算の損益計算書の対比

費）を変動費と固定費に分類し，変動製造原価だけで製品原価を算定し，固定製造原価は一括して損益計算書の期間原価として処理する方法です。直接原価計算では，一期間の売上高から，その期に販売された製品の変動製造原価（変動売上原価）を差し引いて変動製造マージンを求め，そこから変動販売費を差引いて限界利益（あるいは貢献利益ともいう）を求め，限界利益から固定費（固定製造原価，固定販売費および一般管理費）を差引いて営業利

益を求めます（図 9.1 上図）。

> 売上高－変動製造原価－変動販売費＝限界利益
>
> 限界利益－固定費＝営業利益

　直接原価計算と全部原価計算の損益計算書を対比すると，図 9.1 のようになります。

　変動費は売上高に比例するので，限界利益も売上高に比例して増減します。他方，固定費は売上高の増減にかかわらず一定であり，直接原価計算ではその全額が費用となるので，全部原価計算よりも，売上高と営業利益の関係が明瞭になります。この結果，製品別の収益性を分析したり，利益計画の策定に役立つ原価情報や損益情報が入手できるようになるわけです（その具体的な分析については次章で解説します）。

9.2　固定費調整

　直接原価計算は上述のように経営管理目的への有用性が広く認められていますが，問題がないわけではありません。企業外部に公表する財務諸表の作成目的では，直接原価計算は利用することが認められておらず，伝統的な全部原価計算に従うことになっているからです。なぜなら，財務会計の理論からすれば，製造活動から発生する原価は，それが固定費であったとしても製品原価を構成すると認識されるからです。

　そうすると，図 9.1 の対応関係に従って，直接原価計算を全部原価計算にそのまま修正すればよさそうですが，実は直接原価計算と全部原価計算で算定される営業利益は異なります。この点を確認するために，次の設例を考

えてみましょう。

> 設例1：次の資料によって，直接原価計算による場合と全部原価計算による場合の損益計算書を作成しなさい。

9.2 固定費調整

[資料]

期首製品在庫	0個	販売単価	@1,500円
当期生産量	200個	変動製造原価	@400円
合計	200個	固定製造原価	100,000円
期末製品在庫	20個	変動販売費	@120円
販売量	180個	固定販売費・管理費	50,000円

[解答]

[直接原価計算]

損益計算書		（単位：円）
Ⅰ 売 上 高		270,000
Ⅱ 変動売上原価		72,000
変動製造マージン		198,000
Ⅲ 変 動 販 売 費		21,600
限 界 利 益		176,400
Ⅳ 固　定　費		
1　固定製造原価	100,000	
2　固定販売費および一般管理費	50,000	150,000
営　業　利　益		26,400

[全部原価計算]

損益計算書	（単位：円）
Ⅰ 売 上 高	270,000
Ⅱ 売 上 原 価	162,000
売 上 総 利 益	108,000
Ⅲ 販売費および一般管理費	71,600
営　業　利　益	36,400

❖ **設例の解説**

単位当たり固定製造原価＝100,000円÷200個＝@500円

直接原価計算では製造活動に要した固定製造原価100,000円がすべて費用化されているのに対し，全部原価計算では100,000円のうち販売された90,000円が費用化され，残りの10,000円は期末製品在庫が負担します。このように，全部原価計算では製造原価が費用になるか資産にとどまるかは，費用収益対応の原則に従って，当期の販売収益に貢献したか否かによって判断されるのです。よって，両者の利益の差額10,000円は，期末製品在庫の20個に単位当たり固定製造原価@500円を掛けたものに等しくなります。

この設例で明らかになったように，両者の営業利益の相違は以下で述べるように，固定費の期間帰属の相違から生じることが分かります。

全部原価計算では，固定製造原価が製品原価を構成するので，期首製品在庫の中には固定費が含まれています。したがって，それは当期の費用（売上原価）に計上されます。それに対して，直接原価計算では，期首製品在庫は変動費のみから構成されます。なぜなら，前期に発生した固定費はすべて前期の費用に計上され，当期の期首製品在庫には繰り越されないからです。

一方，全部原価計算では，期末製品在庫の中に固定費が含まれています。したがって，その部分は当期の費用から除外されます。それに対して，直接原価計算ではすべての固定費が当期の費用に計上されます。仕掛品についても同様の関係が成立します。これを図で示すと，図9.2のようになります。

このように，製品および仕掛品の期首期末在庫に含まれる固定費の帰属関係に起因して，2つの営業利益の間には次の関係が成立します。

> 直接原価計算の営業利益＋期末仕掛品と製品に含まれる固定製造原価
> －期首仕掛品と製品に含まれる固定製造原価
> ＝全部原価計算の営業利益

したがって，ある原価計算方式で算定された営業利益は，この式によって，

(1) 製造原価

[直接原価計算]

仕 掛 品

期首仕掛品原価 (変動費)	完成品原価
当期製造費用	期末仕掛品原価 (変動費)

[全部原価計算]

仕 掛 品

期首仕掛品原価 (変動費+固定費)	完成品原価
当期製造費用	期末仕掛品原価 (変動費+固定費)

(2) 製品原価

[直接原価計算]

製 品

期首製品在庫 (変動費)	売上原価
完成品原価	期末製品在庫 (変動費)

[全部原価計算]

製 品

期首製品在庫 (変動費+固定費)	売上原価
完成品原価	期末製品在庫 (変動費+固定費)

図9.2 2つの固定費調整

9.2 固定費調整

他の計算方式による営業利益に修正することができます。この修正を一般に固定費調整と呼びます。

9.2節で述べたように，企業は外部報告目的には全部原価計算を使用しなければなりません。上式の左辺第2項（期末仕掛品と製品に含まれる固定製造原価）は，期末在庫が大きくなるほど右辺（全部原価計算）の営業利益が増加するという関係にあることを示しています。このため，全部原価計算のもとでは，ときに利益を捻出する意図のもとに生産量を拡大して過剰在庫を抱えてしまうという事態が生じます。これに対し，直接原価計算の場合には，利益を決めるのは販売量であるので，生産量の決定にそのような歪みが生じることはありません。

練習問題

9.1 次に示す条件に基づいて，直接原価計算による月次損益計算書を作成しなさい。

[資料]
1. 生産・販売データ
   - 月初製品在庫量　50個
   - 当月製品生産量　550個
   - 月末製品在庫量　100個
   - 当月製品販売量　500個
2. 原価データ
   - 直接材料費（変動費）　100万円
   - 直接労務費（変動費）　80万円
   - 変動製造間接費　40万円
   - 固定製造間接費　70万円
   - 変動販売費　30万円
   - 固定販売費・一般管理費　150万円
3. 製品1個当たりの販売価格　1万円
4. 月初仕掛品・月末仕掛品　なし
5. 月初在庫品変動製造原価　20万円

＊1　製品出庫価格の計算は先入先出法による。

9.2 S工場では直接原価計算を行っている。次に示す条件に基づいて，直接原価計算による月次損益計算書を作成しなさい。

[資料]
1. 生産・販売データ

月初仕掛品数量	0個	月初製品在庫量	300個
当月投入量	8,000個	当月完成量	8,000個
合計	8,000個	合計	8,300個
月末仕掛品数量	0個	月末製品在庫量	200個
当月完成量	8,000個	当月販売量	8,100個

2. 月初製品原価データ
   - 直接材料費　1,070万円
   - 直接労務費　630万円
   - 変動製造間接費　？

3．当月原価データ
  (1) **直接材料費（変動費）** 28,200万円
  (2) **直接労務費（変動費）** 15,800万円
  (3) **製造間接費発生額**
      変動製造間接費　7,900万円
      固定製造間接費　20,000万円
  (4) **販売費および一般管理費**
      製品1個当たりの変動販売費　2万円
      固定販売費および一般管理費　5,000万円
* 1　製造間接費は，製品生産量を配賦基準として予定配賦する。年間の予定生産量は10,000個，年間の変動製造間接費予算額は10,000万円である。
* 2　製造間接費配賦差額は，毎月の売上原価に賦課する。
* 3　製品の出庫単価の計算は先入先出法による。
* 4　製品の販売単価は12万円である。

9.3　次の資料によって，直接原価計算と全部原価計算による損益計算書を作成しなさい。

[資　料]
1．生産量・販売データ
    期首製品在庫量　　　　　　100個
    当期製品生産量　　　　　1,600個
    当期製品販売量　　　　　1,400個
    期首・期末仕掛品在庫量　　　0個
2．販売価格　1個当たり4,500円
3．当期の製品1個当たりの標準変動製造原価
    直接材料費　2,000円
    直接労務費　　400円
    製造間接費　　100円
    　　　　　　2,500円
4．年間正常生産量　1,500個
5．年間固定製造間接費予算　900,000円
6．期首製品原価
    原　　料　　費　190,000円
    直　接　労　務　費　40,000円
    変動製造間接費配賦額　10,000円

固定製造間接費配賦額　　50,000円
　　　　　　　　　　　　　　 290,000円
　7．販売費および一般管理費予算
　　　製品1個当たりの変動販売費　　200円
　　　固定販売費および一般管理費　800,000円
＊1　製品の出庫価格の計算は先入先出法による。
＊2　当期の実際原価は，上記の標準原価ないし予算原価にすべて一致した。
＊3　なお，製造間接費は生産量を配賦基準として製品に配賦するものとし，操業度差異は売上原価に賦課する。

9.4　次の資料に基づいて，直接原価計算と全部原価計算による3期間の損益計算書を作成しなさい。

[資　料]
　1．各期の価格と原価
　　　販売価格（単価）　　　　　　5,000円
　　　単位当たり変動製造原価　　　2,000円
　　　1期間の固定製造原価　　　 100,000円
　　　単位当たり変動販売費　　　　 500円
　　　1期間の固定販売費・一般管理費　50,000円
　2．各期の生産・販売量（単位：）

	第1期	第2期	第3期	合計
期首在庫量	0個	0個	25個	0個
生産量	100個	125個	80個	305個
販売量	100個	100個	105個	305個
期末在庫量	0個	25個	0個	0個

第 10 章

短期利益計画入門

　本章から第 12 章は意思決定を支援するための原価情報の活用方法について説明します。利益計画や販売先の選別，投資決定といった意思決定はいずれも将来の出来事に関連しているので，必要とされる情報は過去ではなく未来に関連するものでなくてはならないという特徴があります。

　本章では，短期の利益計画について解説します。前章の直接原価計算によって，変動費と固定費という操業度の変化に対する原価の動きが明らかになりました。この原価情報と収益の動きを組合せると，操業度の変化に対する利益の変化が明らかになります。これを利用した利益計画を CVP 分析（Cost-Volume-Profit analysis），または損益分岐点分析（break-even analysis）といいます。CVP 分析は，利益計画だけでなく費用構造の分析にも役立つため，実務でも広く行われています。

○ KEY WORDS ○
勘定科目法，高低点法，最小自乗法，
損益分岐点販売量，損益分岐点売上高，売上高変動費比率，
損益分岐点比率，安全余裕度，目標利益

10.1 変動費と固定費の分解（原価の予測）

　原価は，操業度の変化に応じて増減する変動費と操業度が変化しても一定である固定費に分解できるということを概念的に説明してきました。このとき，原価総額を y，固定費額を a，単位当たり変動費を b，操業度を x とすると，これらの関係は次の式のようになります。

$$y = a + bx$$

　それでは，具体的に原価を変動費と固定費とへ分解するには，どのような方法を利用できるでしょうか。

○ 勘定科目法

　勘定科目法は，原価を勘定科目によって変動費と固定費に分類する方法です。この方法は最も簡単であるという長所がありますが，帰属が明瞭でない科目が増えると精度が低くなったり，恣意性が介入しやすいといった短所があります。日本の企業では一般に多く用いられている方法です。

○ 高低点法

　高低点法は，高低2つの操業度に対応する費用額の組合せを抽出し，単位当たり変動費と固定費額とを求める方法です。具体的には，上式を用いて高低2つの (x, y) の組合せから連立方程式を解いて a と b の値を求めます。データの数が少ないので，どちらかあるいは両方に異常値（outlier）が入っ

図 10.1 高低点法のイメージ

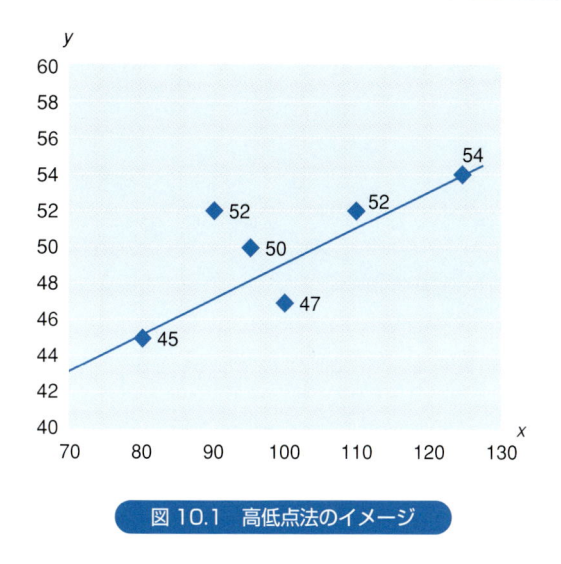

てしまうこともあり，正確性が劣ります。

202 頁の表 10.1 の数値例（単位は x_i が生産量，y_i が万円）で，高低点法のイメージを示すと図 10.1 のようになります。

○ スキャッター・グラフ法（散布図表法）

スキャッター・グラフ法は，まず，過去のデータから (x, y) の組合せをできるだけ多く集め，操業度と原価との関係をグラフにプロットします。次に，できるだけ点の多い箇所を通るように傾向線（直線）を引き，傾向線の傾きから単位当たり変動費を求め，傾向線と y 軸との交点から固定費額を求める方法であり，データを多く収集する点では高低点法よりも優れていますが，傾向線の引き方が恣意的になる可能性があります（図 10.2）。

図10.2 スキャッター・グラフ法のイメージ

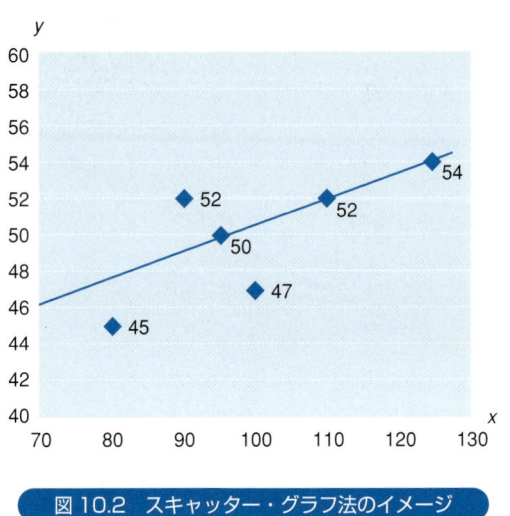

○ 最小自乗法

最小自乗法は，スキャッター・グラフの傾向線を統計学的に求める方法です。

生産量 x と原価 y の関係が，$y = \alpha + \beta x$ という線型関数に表されると仮定します。α は固定費，β は単位当り変動費の推定量になります。パラメータ（媒介変数）α と β は x と y の過去の n 個のデータ (x_i, y_i) から推定されます $(i = 1, \cdots, n)$。このとき，各 (x_i, y_i) と直線との距離の和が最小になるような α と β を求めます。式で表すと次のようになります。

$$\sum_{i=1}^{n}(y_i - \alpha - \beta x_i)$$

図10.3 最小自乗法のイメージ

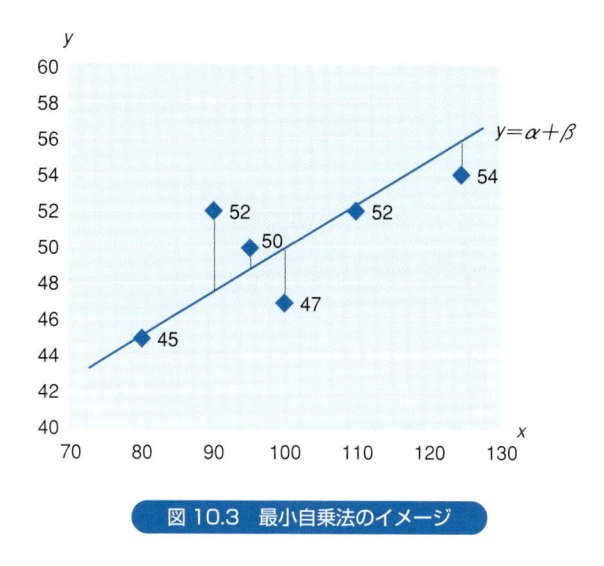

ここで，Σ（シグマ）は n 個分のデータの和を表す演算子です。ところで，$(y_i - \alpha - \beta x_i)$ とすると，プラスの値とマイナスの値が相殺するために，必ずしも当てはまりのよい直線が引けるという保証がありません。したがって，この影響を除去するために $(y_i - \alpha - \beta x_i)$ を自乗（2乗）します。距離の自乗和を最小にする方法ということで，最小自乗法と呼ばれます（図10.3）。したがって，最小自乗法は，すべての観察値に関する距離の自乗和 L を最小にする α と β を求める方法であると定義されます。

$$L = \sum_{i=1}^{n} (y_i - \alpha - \beta x_i)^2$$

具体的には，上記の関数 L を α と β でそれぞれ偏微分して求められます。結論を示すと次式になります。

表 10.1 最小自乗法の計算

(単位：万円)

i	x_i	y_i	(x_i-x)	(y_i-y)	$(x_i-x)(y_i-y)$	$(x_i-x)^2$
1	80	45	-20	-5	100	400
2	95	50	-5	0	0	25
3	110	52	10	2	20	100
4	125	54	25	4	100	625
5	90	52	-10	2	-20	100
6	100	47	0	-3	0	0
合計	600	300	0	0	200	1,250

$(x=\dfrac{600}{6}=100,\ y=\dfrac{300}{6}=50)$

$$\beta=\dfrac{\sum_{i=1}^{n}(x_i-x)(y_i-y)}{\sum_{i=1}^{n}(x_i-x)^2}$$

$$\alpha=y-\beta x$$

ここで，x と y は，それぞれ，x_i と y_i の平均値です。

この結果を簡単な数値例に当てはめてみましょう。6年間の年間データ（$n=6$）が表 10.1 の第2列と第3列のように収集されたとします（単位は x_i が生産量，y_i が万円）。

上式で必要になる統計量が表 10.1 に要約されています。最小自乗法の詳細は知らなくても，この図表を利用すれば，変動費と固定費を推定することができます。

これらの値はそれぞれ $\beta=\dfrac{200}{1,250}=0.16$（万円），$\alpha=50-0.16\times100=34$（万円）と計算されるので，単位当り変動費は 1,600 円，年間固定費は 34 万円になります。

このデータを使って，先程の高低点法の場合の変動費と固定費を求めてみましょう。高操業度は$(x_4, y_4)=(125, 54)$，低操業度は$(x_1, y_1)=(80, 45)$ですから，次の連立方程式ができます。

$$\begin{cases} 54 = a + 125b \\ 45 = a + 80b \end{cases}$$

これを解くと，単位当り変動費 b は 2,000 円，年間固定費 a は 29 万円になり，最小自乗法の結果とくい違うことが確認できます。

10.2 CVP分析

◯ 損益分岐点販売量および売上高

操業度の変化に対する原価の動きと収益の動きを組み合わせると，操業度の変化に対する利益の変化が明らかになります。この関係を利用して利益計画を行うことを CVP 分析（Cost-Volume-Profit analysis），または損益分岐点分析（break-even analysis）といいます。ここで，CVP とは，費用（cost；C），操業度（volume；V），利益（profit；P）の頭文字を取って名付けられた名称です。

CVP 関係は，販売量を横軸とする図 10.4 と，売上高を横軸とする図 10.5 の損益分岐図のように描かれます。

図 10.4 を見てみましょう。総原価線（$vx+F$）は，操業度つまり販売量（x）の変化によって，固定費（F）と変動費（v）の合計額がどのように増減するかを示しています。売上高線（px）は，販売量の増減によって，売上高がどのように増減するかを示しています。売上高線が総原価線を上回ると利益が生まれ，下回ると損失が発生します。売上高線と総原価線が交わるとき，利益（および損失）がゼロ円となります。このときの販売量を損益分岐

図10.4 損益分岐図①

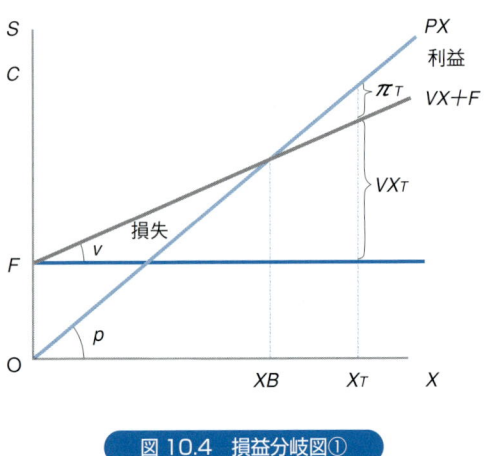

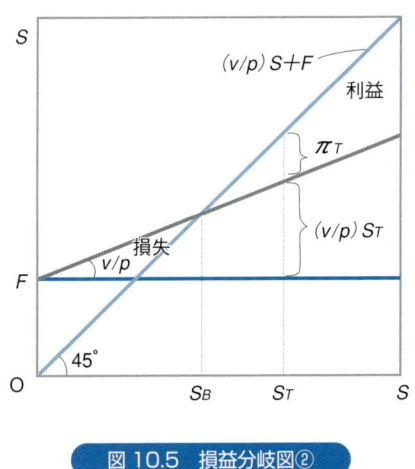

図10.5 損益分岐図②

点販売量といいます。このように，損益分岐点を境に，販売量が多い場合と少ない場合とでは，利益になるか損失になるかの大きな違いが生じます。し

たがって，損益分岐点を起点として，利益計画の足がかりとするわけです。

それでは，損益分岐点販売量(x_B)を求めてみましょう。

販売価格を p，期首・期末の在庫はないと仮定して，1期間の販売量を x，製品1単位当たりの製造・販売に要する変動費（単位当たり変動費）を v，1期間の固定費を F とします。このとき，売上高 S は $S = px$，総原価 C は

$$C = vx + F$$

となります。利益 π は売上高−総原価で求められるので，次式で表すことができます。

$$\pi = S - C = px - vx + F = (p-v)x - F$$

ここで，$(p-v)x$，つまり売上高から変動費を差引いて求められる利益を限界利益（または貢献利益）といいます。$(p-v)$ は単位当たりの限界利益になります。

たとえば，$p = 1{,}000$ 円，$v = 400$ 円，$x = 800$ 個，$F = 384{,}000$ 円とすると，$\pi = 96{,}000$ 円，単位当たりの限界利益 600 円，限界利益 480,000 円となります。

次に，左辺をゼロ（$\pi_B = 0$）とすると，固定費だけを回収でき，利益も損失も生じない販売量 x_B が得られます。これを損益分岐点販売量といいます。

$$x_B = \frac{F}{p-v}$$

販売量が損益分岐点 x_B を下回ると損失が生じ，それを上回ると利益が生

じます。先程の数値例では，$x_B = \dfrac{384,000}{1,000-400} = 640$ 個となります。

公式を丸暗記するのではなく，導出過程から導けるようにしておくとよいでしょう。

次に，図 10.2 から損益分岐点売上高（S_B）を求めてみましょう。

損益分岐点販売量に販売価格 p を乗じると，損益分岐点売上高 S_B が求められます。

$$S_B = p x_B = \dfrac{F}{1 - \dfrac{v}{p}}$$

$\dfrac{v}{p}$ を**変動費率**，$(1 - \dfrac{v}{p})$ を**限界利益率**といいます。数値例では，
　　$S_B = 640$ 個 × $1,000$ 円 = $640,000$ 円
となります。

◯ 目標利益を達成するための販売量と売上高

目標利益 π_T が与えられた場合，それを達成するのに要する目標販売量 x_T と目標売上高 S_T が次式で求められます。これは，損益分岐点販売量および売上高を求めるときに利益額 $\pi = 0$ とした代わりに $\pi = \pi_T$ とすることによって求められます。

$$\text{目標販売量 } x_T = \dfrac{F + \pi_T}{p - v}$$

$$\text{目標売上高 } S_T = p x_T = \dfrac{F + \pi_T}{1 - \dfrac{v}{p}}$$

上式は，目標利益額を達成するための販売量および売上高は，限界利益（率）が固定費と目標利益額との合計額に等しくなる販売量および売上高ということを意味しています。

数値例では，目標利益を 150,000 円とすると，x_T と S_T は次のように計算されます。

$$x_T = \frac{384,000 + 150,000}{1,000 - 400} = 890 \text{ 個}$$

$$S_T = \frac{384,000 + 150,000}{1 - 0.4} = 890,000 \text{ 円}$$

○ 損益分岐点比率と安全余裕度

販売量が損益分岐点を下回ると損失が発生するので，目標売上高 S_T と損益分岐点売上高 S_B の位置関係が重要になります。S_T と比べて S_B が小さいほど，損失になる可能性が低下するからです（図10.6）。

この関係は損益分岐点比率 $\frac{S_B}{S_T}$ によって表されます。損益分岐点比率は低いほどよいです。仮にこれが 0.9 であったとすると，実際の売上高が目標値よりも 1 割減少しただけで，利益がゼロになってしまいます。

わが国の上場企業（製造業）の平均値はバブル期でも約 85% でしたが，その後は 90% を超えていました。しかし，2005 年度の決算数値では約 77.5% と 80% を切り，2006 年度では，76.4% と 5 年連続で改善しています（2007 年 9 月 8 日：日本経済新聞朝刊）。なお，一般に中小企業の数値は大企業より数%高いとされています。

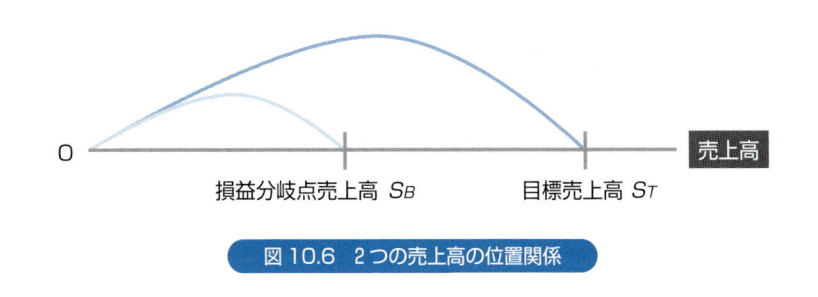

図10.6 2つの売上高の位置関係

損益分岐点比率の補数をとる（1−損益分岐点比率）と，$\dfrac{S_T - S_B}{S_T}$ になります。これは**安全余裕度（rate of safety margin）**と呼ばれ，**安全度を計る尺度**になります。したがって，その値が大きいほど安全度が高いと判断されます。数値例では，損益分岐点比率 $\dfrac{S_B}{S_T} = \dfrac{640{,}000}{890{,}000} = 71.9\%$ なので，安全余裕度は 28.1% と計算されます。

10.3　利益計画の課題

　これまで，販売価格 p，単位当たり変動費 v，固定費 F を既に与えられたものと仮定して分析を進めてきましたが，それらは目標売上高 S_T と同様に，**経営努力によって達成すべき目標値**でもあります。利益目標 π_T が達成されるように，企業にとって一番望ましい CVP 関係を作りあげることが**利益計画（profit planning）**の課題となります。

　損益分岐点を引き下げる手段は，

(1) **固定費の削減**（工場や営業所などの整理・統合，余剰人員の削減，生産工程の効率化，在庫の圧縮，業務の外部委託（outsourcing）など）

(2) **変動費の低減**（製品設計の簡素化，生産方法の改善，部品購入単価の削減，部品の標準化や共通化，ムダの排除による能率改善，販売手数料の引下げなど）

(3) **販売価格の引上げ**

の3つに分類されます。それらの選択に当たっては，製品の品質・機能や販売量に及ぼす影響を考慮しなければなりませんし，場合によっては複数を組み合わせる場合もあります。

　以下では，前節の数値例（205頁と207頁）をもとに3つの方法を見ていきましょう。

固定費の削減による目標利益の達成

製品が800個しか売れず,単位当たり変動費および販売単価が不変のとき,固定費額を F 円とすると,目標利益達成売上高の式は,

$$目標利益達成売上高 = \frac{F + 150,000}{1 - \frac{400}{1,000}} = 800,000 \text{円}$$

この式から F を計算すると,

$F = 330,000$ 円

したがって,固定費額を384,000円から330,000円に引き下げればよいことが分かります。図10.7は,この変化を示した利益図表です。

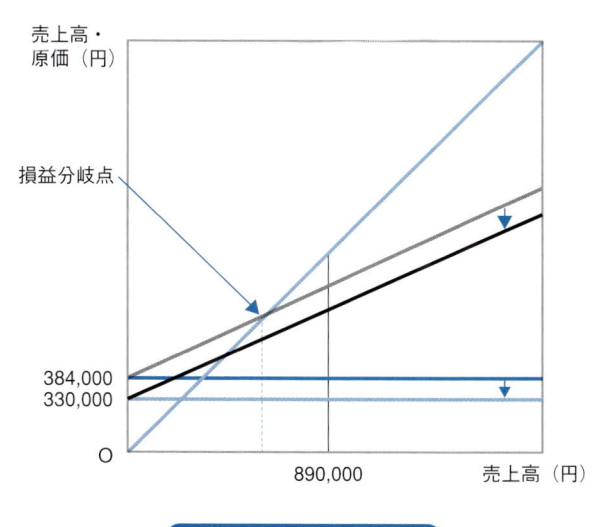

図10.7 固定費の削減

◯ 単位当たり変動費の低減による目標利益の達成

製品が 800 個しか売れず，固定費額および販売単価が不変のときには，単位当たり変動費を v 円とすると，目標利益達成売上高の式は，

$$目標利益達成売上高 = \frac{384{,}000 + 150{,}000}{1 - \dfrac{v}{1{,}000}} = 800{,}000 \text{ 円}$$

この式から v を計算すると，

$v = 332.5$ 円

したがって，単位当たり変動費を 400 円から 332.5 円に引き下げればよいことが分かります。図 10.8 は，この変化を示した利益図表です。

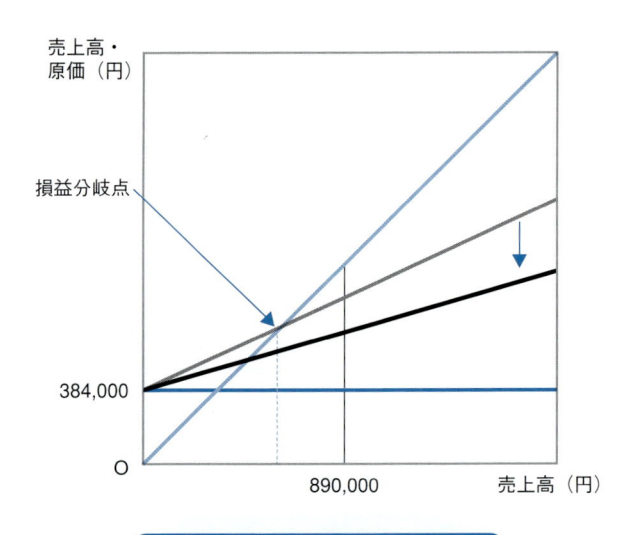

図 10.8 単位当たり変動費の削減

販売価格の引上げによる目標利益の達成

　製品が800個しか売れず，単位当たり変動費および固定費額が不変のときには，販売価格を p 円とすると，目標利益達成売上高は $800 \times p$ 円となるので，目標利益達成売上高の式は次のようになります。

$$目標利益達成売上高 = \frac{384{,}000 + 150{,}000}{1 - \dfrac{400}{1{,}000}} = 800p$$

この式から p を計算すると，

　　$p = 1{,}112.5$ 円

したがって，販売単価は1,000円から1,112.5円にすればよいことが分かります。図10.9は，この変化を示した利益図表です。

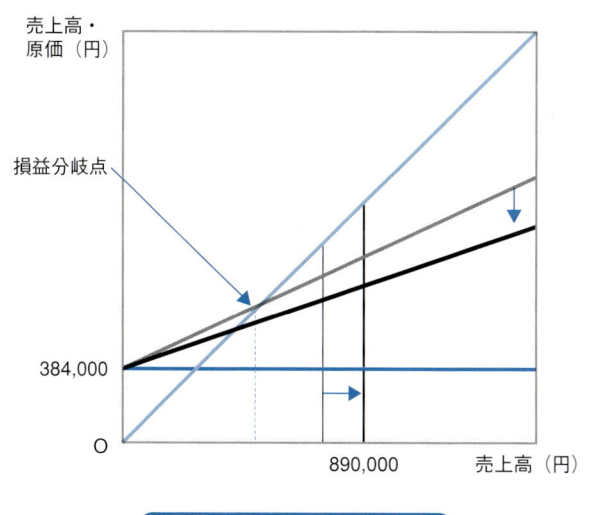

図 10.9　販売価格の引上げ

練 習 問 題

10.1 A社の前期と今期の損益計算書は次の資料のように要約される。以下の問に答えよ。

(問) 1. 今期の損益分岐点売上高はいくらになるか。

(問) 2. 当社の収益性に関する記述として，次の①〜④のうちから正しいものを1つ選べ。

① 損益分岐点比率が前期よりも改善されたのは，変動費率の低下による。
② 損益分岐点比率が前期よりも改善されたのは，固定費の削減による。
③ 損益分岐点比率が前期よりも悪化したのは，売上の低下による。
④ 損益分岐点比率が前期よりも悪化したのは，変動費率の低下による。

(問) 3. 来期の予算編成に当たり，売上高変動費比率を60％に改善し，固定費は今期実績をさらに1,060千円カットすることが決定された。目標利益12,000千円を実現するのに最低限必要な売上高はいくらになるか。

[資料]

損益計算書

（単位：千円）

	前 期		今 期	
売 上 高		160,000		150,000
変 動 費	99,200		94,500	
固 定 費	51,680	150,880	51,060	145,560
純 利 益		9,120		4,440

第11章

差額原価収益分析入門

　原価計算制度からは得られない原価情報を積極的に利用することによって，経営意思決定に役立てることができます。本章で解説する意思決定会計の方法は，差額原価収益分析です。ここでは，関連原価（差額原価），埋没原価，機会原価といった原価概念を利用します。これらの原価概念を整理しながら，差額原価収益分析の基礎について解説します。

○ KEY WORDS ○
支出原価，機会原価，特殊原価調査，
埋没原価，関連原価，差額原価，差額収益，
回避可能原価，回避不能原価

11.1　意思決定のための原価概念

◯ 支出原価と機会原価

　これまでの原価計算の学習では，製品やサービスなどのアウトプット（給付）を作り出すために消費した資源（インプット）の価値を金額的に評価したものを原価と認識しました。この原価は，消費する資源の価値を現金支出額に基づいて測定するので「支出原価」と呼ばれます。現金支出額は検証可能なデータであるので，利害調整を目的とする外部報告会計では支出原価の概念が用いられます。

　しかし，支出原価は実行された行為を前提とする「過去」の数値です。複数の代替案から最良のものを選択するという意思決定問題では，実行されなかった行為を前提とする「仮定」の数値が必要となります。これを「機会原価」といいます。一般に，ある代替案を選択すると，別の代替案を選択できなくなります。いい替えれば，別の選択をしていれば得られたであろう利益や原価の節約分を得る機会を失うことになります。このときの得られたはずの利益や原価の節約分の金額が機会原価として把握され，意思決定に使われます。したがって，意思決定目的では機会原価が有用な概念となります。

　このように，企業の意思決定については，財務会計機構と結びついた原価計算制度から得られる支出原価情報だけでは不十分なときがあります。この場合，原価計算基準でいう「原価計算制度の埒外」で，意思決定のための原価を計算することが必要になります。これを特殊原価調査といいます。特殊原価調査では，機会原価のように意思決定に特有の原価概念を用いることになり，これを特殊原価概念といいます。

販売先の選別

　機会原価は意思決定に有用な概念であると述べました。この概念がどのように用いられるかを数値例で確認しましょう。

　いま，特殊な工作機械を製造するX社があるとします。この機械は特殊なため市場価格が存在しません。あるとき，100万円の原価を掛けて製造した特殊な工作機械1台に対して，AとBの2社から購入したい旨のオファーが来ました。A社は120万円，B社は130万円の価格を提示しています。どちらかに販売すると他方を断らなければならないので，A社に販売するときの機会原価は130万円，B社に販売するときは120万円になります。経済的利益 (economic profit)，すなわち，販売価格から機会原価を差し引いた差額は，A社がマイナス10万円，B社がプラス10万円になるので，B社を選択すべきです（表11.1）。

　次に差額原価や差額収益といった差額概念を用いてこの意思決定問題を考えてみましょう。A社とB社の会計的利益 (accounting profit) は，販売価格から支出原価を差し引いて，それぞれ20万円，30万円になります（表11.2）。

　A社からB社へと意思決定を変更することによって，プラス10万円の差額収益が計算されます。これを増分収益といいます。逆に，B社からA社へと意思決定を変更することによって，マイナス10万円の差額収益が計算

表11.1　機会原価による意思決定

	A社	B社
販売収益	120万円	130万円
機会原価	−130万円	−120万円
経済的利益	−10万円	＋10万円

表 11.2　差額収益による意思決定

	A 社	B 社
販 売 収 益	120 万円	130 万円
埋 没 原 価	−100 万円	−100 万円
会 計 的 利 益	+20 万円	+30 万円

されます。これを減分収益といいます。差額分析による場合もB社を選択すべきとの結論が得られます。

なお，100万円の支出原価は，どちらを選択しても変化しないので，意思決定に無関連であり，無視してよいという意味において無関連原価とか埋没原価（sunk costs）と呼ばれます。それに対して，機会原価や差額原価はどちらを選ぶかによって変化します。したがって，意思決定に関連をもつという意味において，関連原価（relevant costs）と呼ばれます。

11.2　意思決定問題

差額原価・差額収益による分析を用いる意思決定には，資産売却の可否や特別注文受諾の可否，および部品などの自製か購入かについての意思決定などがあります。

◯ 資産売却の可否

ある製品を製造する目的で1年前に100万円で仕入れた原料が，製造活動

に投入されないまま倉庫に眠っています。いま，60万円ならば購入したいという買い手が現れたとします。この原料の卸売価格はこの1年間に値崩れして，時価は50万円に低下しています。この商談に応じるべきでしょうか。

60万円で売却した場合，会計利益はマイナス40万円になります。この損失を計上したくないというのであれば，商談には応じないことになります。しかし，その選択は正しくありません。

100万円は過去の支出原価であって，売却しようと廃棄処分にしようと発生する埋没原価であるので，この意思決定には無関連です。関連原価は，商談に応じるか否かによって変化する原価です。商談に応じない場合，廃棄処分にすれば収入はゼロになりますが，時価で売却すれば50万円の収入が得られるので，時価での売却が最善の代替案となります。したがって，商談に応じる機会原価は50万円になります。そのときの経済的利益はプラス10万円（＝収益60万－機会原価50万）になります。

一方，時価で売却するときの機会原価は60万円になるので，商談に応じないときの経済的利益はマイナス10万円（＝収益50万－機会原価60万）になります。ゆえに，商談に応じるのが正しい決定となります。

○ 特別注文受諾の可否

いま，月産10,000個の生産能力のある企業において，来月の予定生産量を国内の予想受注量に等しい8,000個に定めているとしましょう。販売価格は1,000円とします。単位当り変動費を600円，月間固定費を240万円とすると，この生産計画のもとでの単位当り製品原価は900円（＝変動費600＋固定費300）と計算されます。

そこへ，海外の新規顧客から1個800円の価格で1,000個購入したい旨のオファーが届きました。生産能力に余力があるので，この注文に応えても国内販売を削る必要はありません。また，海外取引でこのような値引きを行っても国内需要と販売価格には影響を与えないと予想されるとします。この特

別注文は受諾すべきでしょうか。

　原価900円の製品を800円で売ったら，1個につき100円の損失になるから断るべきだと単純に判断したとすれば，それは誤りです。なぜなら，900円という原価の中には，注文に応じるか否かにかかわらず発生する固定費が含まれており，これを除外しなければ，収益と原価の正しい比較ができないからです。

　この意思決定に関連する原価は変動費の600円だけです。つまり，断れば変動費の発生を回避できるので，それが注文を受諾する場合の機会原価となります。経済的利益は1個当り200円（＝収益800－機会原価600）になるので，注文に応じるのが正しい判断となります。本例における変動費のように，意思決定によって回避できる原価を回避可能原価（avoidable costs），固定費のように回避できない原価を回避不能原価（unavoidable costs）といいます。

　なお本例では，注文に応じるときの支出原価は機会原価に一致するので，会計利益も1個当り200円（＝収益800円－変動費600円）になります。表11.3は，断る場合と受諾する場合の損益計算の結果を総額と差額原価（増分）で比較しています。

　次に生産能力を月産10,000個ではなく，8,000個とした場合，つまり，国内販売だけで100%操業になる場合は，この意思決定はどのように変わるでしょうか。その場合は，特別注文に応じると国内注文に応じられなくなるので，機会原価は1個当り1,000円となります（変動費は，そのいずれを選択しても発生するので，この場合の意思決定には無関連になります）。受諾する場合の経済的利益は1個当りマイナス200円（＝収益800－機会原価1,000）となるので，断るのが正しい判断となります。会計的利益は，機会損失が発生しているにもかかわらず，相変わらずプラス200円（＝収益800円－変動費600円）と計算されます。

　これらの例から推察されるように，機会原価は意思決定者が置かれた状況やどのような代替案を考慮に入れるかによって変化します。代替案の探求に

表11.3 見積月次損益計算

(単位:万円)

	断る場合	受諾する場合	増分
売上高	800	880	80
変動費	480	540	60
貢献利益	320	340	20
固定費	240	240	0
営業利益	80	100	20

も時間とコストがかかるので,世の中に存在するすべての代替案が考慮されるわけではありません。ある程度の満足が得られる代替案が見つかったところで,探求が打ち切られるでしょう。その意味において,機会原価は絶対的なものではないことに注意しましょう。

練習問題

11.1 A工業は,製品Xを製造・販売しており,意思決定のために直接原価計算を採用している。期首・期末の仕掛品がなく,生産したものはすべて販売できると仮定するとき,次の資料に基づいて,以下の問に答えなさい。

(問)1.現在,年間販売数量は,3,000個であると予想されている。しかし,広告費500,000円を追加すれば500個売上高が増加すると期待される。このとき,差額収益(意思決 定後の収益−意思決定前の収益),差額費用(意思決定後の費用−意思決定前の費用),差額利益(差額収益−差額費用)を求めなさい。

(問)2.(問)1.のケースで,現状維持か広告費支出かの意思決定問題ではどちらが支持されるか。機会原価を用いて説明しなさい。

(問)3.販売価格を500円引き下げて,3,500円/個とすると,需要が4,000個に増加すると予想される。このとき,差額収益,差額費用,差額利益を求

めなさい。

(問) 4. (問) 1. の広告費支出案と(問) 2. の価格値下げ案を比較するとき，どちらが支持されるか。機会原価を用いて説明しなさい。

[資　料]
　　販売価格　　　　4,000円/個
　　変動費　　　　　1,800円/個
　　年間固定費　　4,400,000円
　　年間生産能力　　4,000個

第12章

設備投資の経済性計算入門

　本章では，機械や装置といった生産設備の投資を行うべきかやめるべきかといった意思決定問題を取り扱います。設備投資は，一般に巨額な資金投入を必要とします。しかも，決定を一旦実行に移すと，後で取り消したり修正するのが困難であるので，慎重に意思決定を行わなくてはなりません。

　また，前2章の意思決定問題は，いずれも同一期間内に発生する収益と原価を比較するものでした。それに対し，設備投資の意思決定問題は，今投資をして後で回収するため，投資原価とその回収が同一期間内に生じないという特徴があります。したがって，「貨幣の時間価値」を考慮することが必要となります。

○ KEY WORDS ○
キャッシュ・フロー，貨幣の時間価値，
将来価値，現在価値，DCF法，現在価値法，
資本コスト，内部利益率法

12.1　経済性計算とキャッシュ・フロー

　設備投資を検討するために，まず複数の投資プロジェクトが提案されます。次に，これらの投資案の中から採算のとれるものを選択するために，各投資プロジェクトの経済性計算を行います。ただし，この経済性計算には，会計利益ではなくキャッシュ・フロー（現金の流出入）が使われます。

　会計利益の計算（損益計算）における収益と費用は，現金基準（現金の収入・支出）ではなく，発生基準（経済的価値の増加・減少）に基づいて認識されます。そのため，一般に営業収益＝営業収入，営業費用＝営業支出，という関係が失われ，経営者が選択する会計方法（収益・費用の認識・測定ルール）に応じて，会計利益は変化します。結果として，ときに資金の裏づけのない利益が計上される余地が生まれてしまいます。

　それに比べると，キャッシュ・フローは，現金（およびその同等物）という客観的証拠に基づいて記録されるので，経営者の恣意的な判断が入り込む余地がありません。これが「利益は1つのオピニオンにすぎないが，キャッシュは事実である」と言われる所以です。また，キャッシュ・フローは，現金の流入額であるキャッシュ・インフローと流出額であるキャッシュ・アウトフローがありますが，意思決定にはその差額である正味キャッシュ・フローが使われます。つまり，投資を行った場合と行わなかった場合に変化するキャッシュのみが，意思決定の関連項目として，分析対象となるわけです。

　投下資本の経済的効果は長期間にわたって発生するので，その経済性計算に当たり，各期に生じるキャッシュ・フローを単純に加減するのは許されなくなります。なぜなら，「貨幣の時間価値」を無視することになり，意思決定を誤る原因になるからです。

12.2 貨幣の時間価値

投資決定には時間的な要素が関連します。設備投資が支持されるのは，それによって将来，より多額のキャッシュ・フローが獲得されると期待できるからに他なりません。ただし，このようにキャッシュ・フローが異時点にまたがる場合，貨幣の時間価値（time value）を考慮することが必要になります。なぜなら，「今日の1万円は明日の1万円よりも価値がある」からです。

「①今1万円もらうのと，②1年後に1万円もらう」という2つの選択肢があるとき，多くの人は①を選択するのではないでしょうか。仮に，年間利子率が5%であるとすると今の1万円は，1年後には10,500円（＝10,000×(1+0.05)）になるからです。これを詳しく確認してみましょう。

◯ 会計的利益と経済的利益

次の投資案を考えてみましょう。いま，ある骨董品を300,000円で購入することができ，年間の維持費25,000円を前払いし，1年後に340,000円で売却できるとします。ただし，年間利子率を5%とします。この投資は行うべきでしょうか。

この投資案の会計的利益を計算すると，利益が15,000円（＝340,000−300,000−25,000）とプラスになるので，投資すべきであると判断するのは正しくありません。

キャッシュ・フローが期首（骨董品購入と維持費の支払）と期末（販売）に発生していることに注意しましょう。利子率が5%であるので，骨董品への投下資本300,000円の機会原価は1年後に315,000円（＝300,000×(1+0.05)），維持費の機会原価は26,250円（＝25,000×1.05）となります。これは，骨董品へ投資することは，それらの資金を年間利子率5%で金融機

```
      期首          期末
                 ＋340,000 円
    －300,000 円 → －315,000 円（300,000 円×1.05）
    － 25,000 円 → － 26,250 円（ 25,000 円×1.05）
                 －  1,250 円
```

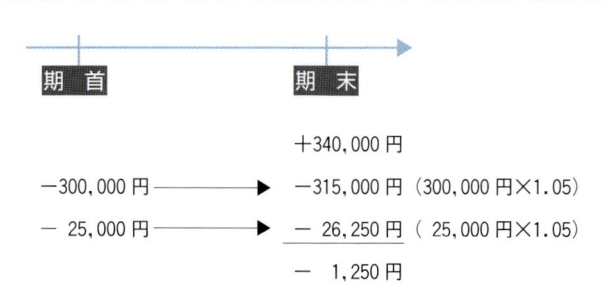

図 12.1　貨幣の時間価値①（期末時点での評価）

関に預けて収益を得る機会を放棄させているので，機会原価が発生していると考えることができるためです。期末時点の機会原価 341,250 円と同時点の収益 340,000 円を比較すると，経済的利益は 1,250 円の損失となります。したがって，この投資案は棄却すべきという判断が正解となります（図 12.1）。

　キャッシュのインフローとアウトフローが発生する時点がこのように異なる場合，貨幣の時間価値を考慮するため，評価時点を合わせることが必要となります。図 12.1 では，評価時点を期末に合わせましたが，期首に合わせる場合を考えてみましょう。期末の売上金額 340,000 円の期首における価値を P とすると次の関係が成り立ちます。

$$P \times (1+0.05) = 340{,}000$$

したがって，

$$P = \frac{340{,}000}{1.05} = 323{,}809.5$$

となり，これと同時点の支出額を比較すると，1,190 円の損失が生じます（図 12.2）。

　1,190×1.05＝1,250 円となりますから，評価時点の違いは時間価値に吸収されることが分かります。したがって，評価時点を期末に定めても期首に定めても，意思決定が変わることはありません。しかし，複数の投資プロジ

```
       期首            期末
   +323,810円 ◀──────── 340,000円
   -300,000円
   - 25,000円
   -  1,190円
```

図 12.2 貨幣の時間価値②（期首時点での評価）

ェクトを評価しなくてはならない場合，各プロジェクトの終了時点が同じであるとは限らないので，評価時点を現在（本例では期首）に定めるのが合理的であると考えることができます。

○ 将来価値と現在価値

前述のように，1万円を年間利子率5%で預け入れると，1年後には $10,000 \times (1+0.05) = 10,500$ 円になります。これを1年複利（年間利子を元金に組み入れる契約）でもう1年預金すると，2年後の元利合計は $10,500 \times (1+0.05) = 10,000 \times (1+0.05)^2 = 11,025$ 円になります。

一般的に，現在の資金を P 円，年間利子率を k とすると，t 年後の元利合計 F_t は，

$$F_t = P(1+k)^t \tag{12.1}$$

となります。この F_t を将来価値または終価といい，$(1+k)^t$ を終価係数と呼びます。将来価値 F_t は次式によって現在価値 P に変換されます。

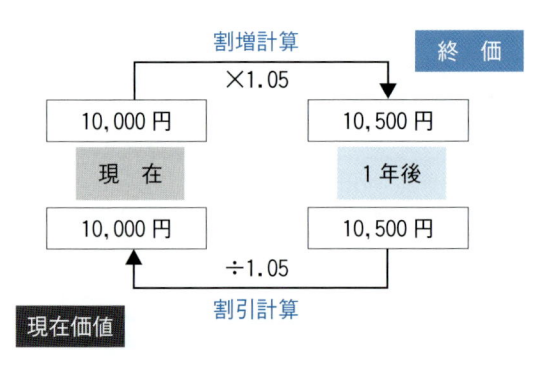

```
         割増計算              終 価
          ×1.05
   ┌──────────────┐    ┌──────────────┐
   │  10,000 円   │───▶│  10,500 円   │
   └──────────────┘    └──────────────┘
        現 在              1 年後
   ┌──────────────┐    ┌──────────────┐
   │  10,000 円   │◀───│  10,500 円   │
   └──────────────┘    └──────────────┘
                 ÷1.05
       現在価値        割引計算
```

図12.3　貨幣の時間価値と割引計算

$$P = \frac{F_t}{(1+k)^t} \quad (12.2)$$

ここで，$\frac{1}{(1+k)^t}$ を現価係数といいます。その値は章末の現価係数表に示されています。たとえば，利子率5％で2年後の11,025円の現在価値を求める場合，現価係数表の $k=5$，$t=2$ の交差する0.9070より，$11,025 \times 0.907 = 10,000$ 円と計算することができます。$\frac{1}{1+k} < 1$ ですから，現在価値は将来価値よりも小さくなります。したがって，(12.2)式を割引計算といい，k を割引率と呼びます（図12.3）。

(12.1)・(12.2)式は，利子率（利益率）k の投資機会をもつ人にとって，現在価値 P と t 年後の F_t は等価（無差別）であるという事実を示しています。

> **コラム** 安い買い物!?
>
> 　オランダ西インド会社が 1626 年にアメリカ先住民からマンハッタン島を 24 ドルで買い受けた話は，桁外れに安い買い物の例として有名ですが，本当に安かったのでしょうか。
>
> 　かの先住民がそのお金を年利率 6% の複利で投資していたとすると，n 年後の元利合計は 24 ドル $\times (1+0.06)^n$ になります。2007 年末には，$n=381$ となりますから，約 1,051 億ドル（正確には 105,134,658,313 ドル）と計算されます。時間価値を考慮し，両者が等価であると仮定すると，桁外れに安い買い物であったとはいえなくなります。

12.3　現在価値法と内部利益率法

　設備投資の可否を決定するために，投資からもたらされる効果の測定にキャッシュ・フローを用い，貨幣の時間価値を考慮する方法は，DCF 法（discounted cash flow method：割引キャッシュ・フロー法）と呼ばれます。その方法には，現在価値法と内部利益率法があります。

○ 現 在 価 値 法

　現在価値法とは，投資案がもたらす年々の正味キャッシュ・フローを割引率で割引いて現在価値を計算し，それから投資額の現在価値をマイナスして正味現在価値（NPV：net present value）を求め，NPV＞0 であれば採択し，NPV＜0 であれば棄却するという決定ルールです。ここで使われる割引率は，設備投資に要求される年間利益率です。また設備投資には，巨額の投資資本を調達しなくてはなりません。したがって資本調達面から割引率を考えると，割引率はその投資資本に要求される最低限の回収率（利益率）を表すため，

資本コストとも呼ばれます。

いま，投資の経済命数を n 年，投資額を I_t ($t = 0, 1, \cdots, n$)（ここで，I_0 は初期投資額，I_1 以降は追加投資額を表します），t 期の正味キャッシュフローを R_t ($t = 1, 2, \cdots, n$)，資本コストを k とすると，正味現在価値 NPV は次式によって算定されます。

$$\begin{aligned}\text{NPV} &= \frac{R_1}{(1+k)^1} + \frac{R_2}{(1+k)^2} + \frac{R_3}{(1+k)^3} + \cdots + \frac{R_n}{(1+k)^n} \\ &\quad - \frac{I_0}{(1+k)^0} - \frac{I_1}{(1+k)^1} - \cdots - \frac{I_n}{(1+k)^n} \\ &= \sum_{t=1}^{n} \frac{R_t}{(1+k)^t} - \sum_{t=0}^{n} \frac{I_t}{(1+k)^t}\end{aligned} \quad (12.3)$$

(12.3) 式の第1項は，各年度の正味キャッシュ・フローの現在価値合計額を表し，第2項は，投資総額の現在価値合計額を表しています。

追加投資がない場合は，

$$\text{NPV} = \sum_{t=1}^{n} \frac{R_t}{(1+k)^t} - I_0 \quad (12.4)$$

となります。また，R_t が毎期一定であるとすると，

$$\begin{aligned}\sum_{t=1}^{n} \frac{R_t}{(1+k)^t} &= R \left\{ \frac{1}{1+k} + \frac{1}{(1+k)^2} + \cdots + \frac{1}{(1+k)^n} \right\} \\ &= R \left\{ \frac{(1+k)^n - 1}{k(1+k)^n} \right\}\end{aligned} \quad (12.5)$$

となります。ここで，$\dfrac{(1+k)^n - 1}{k(1+k)^n}$ を年金現価係数，R を年価（annuity）といいます。

たとえば，投資額5億円，5年間にわたって毎年1億3千万円の正味キャッシュ・フローが見込まれる投資案の場合，資本コストを5%とすると (12.4)式は次のように書きます。

$$\text{NPV} = \frac{1.3}{1+0.05} + \frac{1.3}{(1+0.05)^2} + \frac{1.3}{(1+0.05)^3} + \frac{1.3}{(1+0.05)^4} + \frac{1.3}{(1+0.05)^5} - 5$$

章末の複利現価係数表から，NPVは次のように計算されます。

$$\text{NPV} = 1.3 \times (0.952 + 0.907 + 0.864 + 0.823 + 0.784) - 5 = 0.628 \text{ 億円}$$

各期のキャッシュ・インフローが同じ場合，章末の年金現価係数表を参照することができます。$k=5\%$，$n=5$の年金現価係数は4.329となるので，NPVは次のように計算されます。

$$\text{NPV} = 1.3 \times 4.329 - 5 = 0.628 \text{ 億円} > 0$$

NPVがプラスになっているので，この投資案は採択すべきです。

nを無限大にすると，年金現価係数は$\frac{1}{k}$に収束します。したがって，無限に継続する年金R（永続年金：perpetuity）の現在価値は$\frac{R}{k}$となります。

○ 内部利益率法

内部利益率法は，投資案の内部利益率を求め，それが資本コスト（要求利益率）を上回れば採択し，下回れば棄却する方法です。ここで，内部利益率（IRR；internal rate of return）とは，投資案のキャッシュ・フローの現在価値を投資額の現在価値に等しくする（すなわちNPVをゼロにする）割引率をいいます。したがって，次式を成立させるrが内部利益率となります（追加投資がない（12.4）式に対応）。

$$\sum_{t=1}^{n} \frac{R_t}{(1+k)^t} = I_0 \tag{12.6}$$

ただし，これを解析的に解くのは困難であるので，試行錯誤（trial and

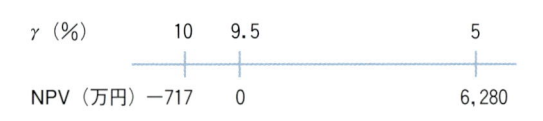

```
r (%)        10   9.5              5
          ├────┼─────────────────┤
NPV (万円) −717  0              6,280
```

図12.4　試行錯誤法のイメージ

error）法によって求めるのが通例です。たとえば，上例において，r を 5% とした場合，NPV は 6,280 万円でしたから，r の値はもっと大きいはずです。

そこで，試しに r を 10% とした場合の NPV を求めてみましょう。そのときの年金現価係数は 3.791 なので，NPV＝1.3 億×3.791−5 億＝−717 万円と計算されます（図12.4）。マイナスになったのは割引率が高すぎたためです。

そこで，5% と 10% の間は直線関係にあると仮定して，補完すると，$r = 9.5\%(=5+(10-5)\times\frac{6{,}280}{6{,}280+717})$ と計算することができます（なお，表計算ソフトを利用すると，内部利益率を求める関数が用意されているので，より簡単に求めることができます）。この値は 5% の資本コストを上回るので，内部利益率法によっても採択すべきであると判断されます。

○ 現在価値法と内部利益率法の関係

上例のように独立な投資案を評価する場合には，現在価値法と内部利益率法はどちらを用いても同一の結論に到達します。

しかし，同種の代替案が多数提案され，1つを採択すれば自動的に他の案を棄却しなければならないような相互排他的な場合や，資金制約のためにどれかを削らなければならないような資本配分が問題となる場合には，投資案の順位づけが必要となります。そのようなときにはこの2つの決定ルールは

ときに矛盾する結論を出すことがあるので注意しましょう。

12.4　税引後キャッシュ・フローの測定

　設備投資の経済性計算に使われる正味キャッシュ・フローには，税引後キャッシュ・フローを利用します。

　キャッシュ・フローと会計上の利益が一致しないことは先に述べました。この違いが生じる主たる要因は，減価償却費と法人税の存在です。投資資産の毎年の減価償却費は会計上の費用を構成しますが，現金支出を伴わないので，キャッシュ・フローには含まれません。他方，利益に対して課される法人税は，現金流出を伴いますが会計上の費用には含まれません。このため発生基準会計で測定される収益と費用から税引後キャッシュ・フローを求めるには，減価償却費と税効果の調整が必要となります。

　資産の売却などがなく，収益が現金流入額に一致し，減価償却費以外のすべての費用が税引前現金流出額に一致すると仮定すると，両者を調整する計算式は次のようになります。

> 税引後キャッシュ・フロー＝税引前キャッシュ・フロー－法人税等
> 　　　　　　　　　　　＝収益－減価償却費以外の費用－法人税等
> ＊ただし，法人税等＝税率×(税引前キャッシュ・フロー－減価償却費)　　(12.7)

12.5　資本コストの計算

　正味キャッシュ・フローの現在価値を計算するのに資本コスト（割引率）が大きく影響します。したがって，設備投資の経済性計算では，プロジェクトの採否を決めるに当たり，切捨率として資本コストを利用することもあります。

　資本コストは，資金の調達源泉ごとに異なるため，調達源泉別に算定した資本コストに総調達資金額に占める源泉別資金の比率（ウェイト）を掛けた**加重平均資本コスト**を算定するのが一般的です。

　たとえば，次の資料のような資金調達の状況において，加重平均資本コストを計算してみましょう。

[資　料]

	資本コスト	金　額
借入金	3%	1,000万円
社　債	5%	1,000万円
株　式	12%	3,000万円

　まず，調達した資金の合計額に占める調達源泉別の資金の比率（ウェイト）を計算し，この比率に調達源泉別の資本コストを乗じて合計することで，加重平均資本コストを計算します（表12.1）。

　したがって，加重平均資本コストは，8.26％となります。

　なお，負債（借入金と社債）によって生じる支払利息には，赤字企業でない限り節税効果があるので，加重平均する際は税引後の資本コストに修正します（上例では税引後であると仮定しています）。

　税率を t とすると，税引後負債コストは以下のように計算されます。

表 12.1　加重平均コスト計算

	資本コスト	金　額	比　率	資本コスト×比率
借入金	3%	1,000万円	20%	0.6%
社　債	5%	1,000万円	20%	1.00%
株　式	12%	3,000万円	60%	7.20%
		5,000万円	100%	8.8%

$$\text{税引後負債コスト}=(1-t)\times\text{税引前負債コスト} \quad (12.8)$$

　たとえば，税引前負債コストが5％，税率が40％であるとすると，税引後負債コストは，$(1-0.4)\times 5\%=3\%$ と計算されます。

練 習 問 題

12.1　次の資料のA案，B案，C案の3つの投資案について，割引率が4％であるとすると，どれに投資するのが最も適当であるか。(1)現在価値法と，(2)内部利益率法でそれぞれ判断しなさい。

[資　料]

	投資額	1年目CF	2年目CF	3年目CF	4年目CF	5年目CF
投資案A	100万円	40万円	30万円	20万円	10万円	10万円
投資案B	100万円	30万円	30万円	30万円	10万円	10万円
投資案C	100万円	30万円	30万円	20万円	20万円	10万円

参考文献

■原価計算

［初級・中級］

渋谷武夫『原価計算の考え方・すすめ方』中央経済社，2000年

奥村輝夫『基本原価計算』多賀出版，1983年

清水　孝・長谷川惠一・奥村雅史『入門原価計算　第2版』中央経済社，2004年

櫻井通晴『経営のための原価計算』中央経済社，1995年

溝口一雄『最新原価計算講義』中央経済社，1990年

小川　洌編著『原価計算精鋭』同文舘出版，1992年

加登　豊・山本浩二著『原価計算の知識』日本経済新聞社，1996年

［上級］

岡本　清『原価計算　6訂版』国元書房，2000年

廣本敏郎『原価計算論』中央経済社，1997年

櫻井通晴『経営原価計算論　増補版』中央経済社，1991年

門田安弘『原価計算　第2版』税務経理協会，2002年

清水　孝『上級原価計算　第2版』中央経済社，2006年

小林健吾『原価計算総論　新訂版』創成社，2002年

小林哲夫『現代原価計算論』中央経済社，1993年

■工業簿記

廣本敏郎『新版　工業簿記の基礎』税務経理協会，1999年

小川　洌・渋谷武夫『現代工業簿記』税務経理協会，1984年

小川　洌編著『原価計算・工業簿記の基礎』創成社，1995年

黒澤清『新編工業簿記』一橋出版，1985年

佐藤紘光編著『New Concept 2級工業簿記テキスト　改訂版』税務経理協会，2000年

岡本清・廣本敏郎編著『新検定簿記講義2級　工業簿記』中央経済社，各年版
実教出版編『日商検定テキスト2級　工業簿記　三訂版』実教出版，2000年

■管理会計

岡本　清・廣本敏郎・尾畑裕・挽　文子『管理会計』中央経済社，2003年
櫻井通晴『管理会計　第3版』同文舘出版，2004年
佐藤紘光・齋藤正章『管理会計　改訂新版』放送大学教育振興会，2006年
加藤勝康・豊島義一編著『Q&A管理会計入門』同文舘出版，2003年
門田安弘編著『管理会計学テキスト　第3版』税務経理協会，2003年

練習問題略解

第1章

1.1 ①財務諸表，②引き下げれば，③意思決定，④材料費，⑤労務費，⑥経費，⑦実務，⑧慣行，⑨公正妥当，⑩実践上の規範，⑪給付，⑫財貨，⑬用役，⑭貨幣価値的，⑮直接費，⑯間接費，⑰変動費，⑱固定費，⑲準変動，⑳準固定

1.2 1.1を見よ

1.3 製品単価を計算するなど。

1.4 1カ月の計算期間。

1.5 1.3を見よ

1.6 費目別計算→原価部門別計算→製品別計算

1.7 総原価で計算する場合が18,000円多い。

1.8 102,000円 ($x+160,000\times 0.3+10,000=160,000$)

第2章

2.1

		直接材料費	間接材料費
①	先入先出法	110,900円	48,000円
②	後入先出法	112,000円	48,000円
③	移動平均法	111,300円	47,700円
④	総平均法	108,500円	46,500円

2.2 ①540,000円 ②200,000円 ③700,000円 ④300,000円 ⑤480,000円 ⑥320,000円 ⑦180,000円 ⑧130,000円 ⑨2,000,000円 ⑩470,000円

第3章

3.1

製造間接費部門別配賦表

（単位：円）

費 目	配賦基準	合 計	製造部門		補助部門		
			機械部門	組立部門	材料部門	修繕部門	事務部門
部門個別費	—	1,934,000	900,000	398,000	152,000	198,000	286,000
部門共通費	従業員数	784,000	280,000	420,000	28,000	42,000	14,000
部 門 費		2,718,000	1,180,000	818,000	180,000	240,000	300,000
材料部門費	材料出庫額	180,000	140,000	40,000			
修繕部門費	修繕作業時間	240,000	144,000	96,000			
事務部門費	従業員数	300,000	120,000	180,000			
製造部門費		2,718,000	1,584,000	1,134,000			

3.2

補助部門別配賦表

（単位：円）

費 目	合 計	製造部門		補助部門		
		切削部門	組立部門	材料倉庫部門	動力部門	事務部門
部 門 費	3,400,000	1,313,378	1,355,472	236,750	399,360	95,040
第1次配賦						
材料倉庫部門費	236,750	142,050	85,230	—	9,470	—
動力部門費	399,360	279,552	99,840	19,968	—	—
事務部門費	95,040	42,240	48,000	1,920	2,880	—
第2次配賦				21,888	12,350	—
材料倉庫部門費	21,888	13,680	8,208			
動力部門費	12,350	9,100	3,250			
製造部門費	3,400,000	1,800,000	1,600,000			

3.3

補助部門別配賦表 (単位:円)

費目	合計	製造部門		補助部門		
		切削部門	組立部門	動力部門	修繕部門	事務部門
部門費	1,060,000	400,000	350,000	100,000	50,000	160,000
事務部門費		100,000	50,000	6,000	4,000	160,000
修繕部門費		24,300	27,000	2,700	54,000	
動力部門費		58,700	50,000	108,700		
製造部門費	1,060,000	583,000	477,000			

第4章

4.1 ①活動基準原価計算,②1980,③伝統的原価計算,④資源,⑤戦略

4.2 (問)1. 製品A=1,584,000円,製品B=1,188,000円
    製品C=1,224,000円,製品D=1,530,000円
  (問)2. 製品A=1,578,900円,製品B=1,190,325円
    製品C=1,222,380円,製品D=1,534,395円

第5章

5.1

完成品製造原価	122,500千円
内訳 原料費	47,500千円
加工費	75,000千円

5.2

総合原価計算表　（単位：円）

	原料費	加工費	合計
月初仕掛品原価	140,000	45,000	185,000
当月製造費用	8,160,000	5,035,000	13,195,000
合計	8,300,000	5,080,000	13,380,000
月末仕掛品原価	320,000	80,000	400,000
完成品総合原価	7,980,000	5,000,000	12,980,000
完成品単位原価	798	500	1,298

5.3

月末仕掛品原価		46,000 円
内訳	原料費	34,000 円
	加工費	12,000 円

5.4

（問）1．

完成品製造原価		464,000 円
月末仕掛品原価		126,000 円
内訳	原料費	90,000 円
	加工費	36,000 円

（問）2．

完成品製造原価		450,000 円
月末仕掛品原価		140,000 円
内訳	原料費	100,000 円
	加工費	40,000 円

第6章

6.1　（問）1．月末仕掛品原価　391,000 円，完了品原価　1,575,000 円
　　　（問）2．月末仕掛品前工程費　437,500 円，
　　　　　　　月末仕掛品加工費　58,500 円，完成品原価　1,828,850 円

6.2

工程別総合原価計算表

(単位:円)

	第 1 工 程			第 2 工 程		
	原料費	加工費	合 計	前工程費	加工費	合 計
月初仕掛品原価	100,000	80,000	180,000	322,800	49,100	371,900
当月製造費用	1,200,000	1,500,000	2,700,000	2,377,200	1,900,000	4,277,200
合 計	1,300,000	1,580,000	2,880,000	2,700,000	1,949,100	4,649,100
月末仕掛品原価	250,000	252,800	502,800	150,000	87,600	237,600
完成品総合原価	1,050,000	1,327,200	2,377,200	2,550,000	1,861,500	4,411,500
完成品単位原価	50	63	113	102	74	176

第7章

7.1

	個別原価計算	総合原価計算
生産上の特徴	1. 特定製造指図書による個別生産 2. 異種製品の生産 3. 主として受注生産	1. 継続製造指図書による反復生産 2. 原則として同種製品の生産 3. 主として見込生産
計算手続の特徴	1. 受注製品の生産量に対する原価 2. 直接費と間接費の分類が必要 3. 作業完了時に原価計算表作成 4. 月末仕掛品原価の計算は不必要	1. 原価計算期間の生産量に対する原価 2. 工程ないし部門別の総合原価の計算 3. 原価計算期間ごとの原価計算表作成 4. 月末仕掛品原価の計算が必要

7.2 月初仕掛品,当月投入量,月末仕掛品,進捗度,評価法など,生産上のデータと計算上のデータに分けて答えること。

7.3

完成品総合原価	5,280,320 円
X級品単位原価	1,320 円
Y級品単位原価	997 円
Z級品単位原価	845 円

7.4

組別総合原価計算表 （単位：円）

摘　　要	A組製品	B組製品	合　　計
当月製造費用			
直接材料費	1,690,000	1,149,600	2,839,600
直接労務費	940,000	599,400	1,539,400
組間接費	930,000	868,000	1,798,000
計	3,560,000	2,617,000	6,177,000
月初仕掛品原価	449,200	440,000	889,200
合　　計	4,009,200	3,057,000	7,066,200
月末仕掛品原価	858,200	478,800	1,337,000
完成品原価	3,151,000	2,578,200	5,729,200
完成品単位原価	1,370	1,172	

第8章

8.1　（問）1．30,000 千円
　　　（問）2．　840 千円
　　　（問）3．−240 千円
　　　（問）4．−120 千円
　　　　　　　−312 千円
　　　（問）5．＋40 千円

8.2　（問）1．−170,000 円
　　　（問）2．＋70,000 円
　　　（問）3．−240,000 円
　　　（問）4．−210,000 円
　　　（問）5．予　算　差　異　−10,000 円
　　　　　　　変動費能率差異　−60,000 円
　　　　　　　固定費能率差異　−70,000 円
　　　　　　　操業度差異　　　−70,000 円

第9章

9.1

月次損益計算書 （単位：万円）

Ⅰ	売　上　高			500
Ⅱ	変動売上原価			
	1．月初製品有高	20		
	2．当月製品製造原価	<u>220</u>		
	合　　　計	240		
	3．月末製品有高	<u>40</u>	200	
	変動製造マージン		300	
Ⅲ	変 動 販 売 費		<u>30</u>	
	限　界　利　益		270	
Ⅳ	固　定　費			
	1　固定製造原価	70		
	2　固定販売費および一般管理費	150	<u>220</u>	
	営　業　利　益		<u><u>50</u></u>	

9.2

損益計算書 （単位：万円）

Ⅰ	売　上　高			97,200
Ⅱ	変動売上原価			
	1．月初製品有高	2,000		
	2．当月製品製造原価	<u>52,000</u>		
	合　　　計	54,000		
	3．月末製品有高	<u>1,300</u>		
	差　　　引	52,700		
	4．原価差異	△100	<u>52,600</u>	
	変動製造マージン		44,600	
Ⅲ	変 動 販 売 費		<u>16,200</u>	
	限　界　利　益		28,400	
Ⅳ	固　定　費			
	1　固定製造原価	20,000		
	2　固定販売費および一般管理費	5,000	<u>25,000</u>	
	営　業　利　益		<u>3,400</u>	

9.3

直接原価計算による損益計算書 （単位：円）

Ⅰ	売 上 高		6,300,000
Ⅱ	変動売上原価		
	1. 期首製品有高	240,000	
	2. 当期製品製造原価	4,000,000	
	合　　　計	4,240,000	
	3. 期末製品有高	750,000	3,490,000
	変動製造マージン		2,810,000
Ⅲ	変 動 販 売 費		280,000
	限 界 利 益		2,530,000
Ⅳ	固 　定 　費		
	1　固定製造原価	900,000	
	2　固定販売費および一般管理費	800,000	1,700,000
	営 業 利 益		830,000

全部原価計算による損益計算書 （単位：円）

Ⅰ	売 上 高		6,300,000
Ⅱ	売 上 原 価		
	1. 期首製品有高	290,000	
	2. 当期製品製造原価	4,960,000	
	合　　　計	5,250,000	
	3. 期末製品有高	930,000	
	差　　　引	4,320,000	
	4. 操業度差異	△60,000	4,260,000
	売上総利益		2,040,000
Ⅲ	販売費および一般管理費		
	1. 変動費	280,000	
	2. 固定費	800,000	1,080,000
	営 業 利 益		960,000

9.4

直接原価計算による損益計算書 (単位：円)

		第1期	第2期	第3期	合　計
Ⅰ	売　上　高	500,000	500,000	525,000	1,525,000
Ⅱ	変動売上原価	200,000	200,000	210,000	610,000
	変動製造マージン	300,000	300,000	315,000	915,000
Ⅲ	変動販売費	50,000	50,000	52,500	152,500
	限　界　利　益	250,000	250,000	262,500	762,500
Ⅳ	固　定　費	150,000	150,000	150,000	450,000
	営　業　利　益	100,000	100,000	112,500	312,500

全部原価計算による損益計算書 (単位：円)

		第1期	第2期	第3期	合　計
Ⅰ	売　上　高	500,000	500,000	525,000	1,525,000
Ⅱ	売　上　原　価	300,000	280,000	330,000	910,000
	売上総利益	200,000	220,000	195,000	615,000
Ⅳ	販売費・一般管理費	100,000	100,000	102,500	302,500
	営業利益	100,000	120,000	92,500	312,500

第10章

10.1 （問）1．138,000 千円

（問）2．③

（問）3．155,000 千円

第11章

11.1 (問) 1. 差額収益 2,000,000 円,差額原価 1,400,000 円,差額利益 600,000 円

	意思決定後①	意思決定前②	①-②	
売上高	14,000,000	12,000,000	2,000,000	差額収益
売上原価				
変動費	6,300,000	5,400,000	900,000	差額原価
固定費	4,400,000	4,400,000	0	
広告費	500,000		500,000	
営業利益	2,800,000	2,200,000	600,000	差額利益

(問) 2. 現状維持の経済的利益は−60万円（収益0円−機会原価60万円），広告費支出後の経済的利益は60万円（収益60万円−機会原価0万円）となるので，広告費支出が支持される。

(問) 3. 差額収益 2,000,000 円,差額原価 1,800,000 円,差額利益 200,000 円

	意思決定後①	意思決定前②	①-②	
売上高	14,000,000	12,000,000	2,000,000	差額収益
売上原価				
変動費	7,200,000	5,400,000	1,800,000	差額原価
固定費	4,400,000	4,400,000	0	
営業利益	2,400,000	2,200,000	200,000	差額利益

(問) 4. 広告費支出案と価格値下げ案を比較すると，(問) 3. より価格値下げ案の経済的利益は−40万円（収益20万円−機会原価60万円），広告費支出後の経済的利益は40万円（収益60万円−機会原価20万円）となるので，広告費支出が支持される。

第12章
12.1
(1) 現在価値法
A案：$NPV_A = 7,450$ 万円
B案：$NPV_B = 200$ 万円
C案：$NPV_C = -3,220$ 万円
よってA案を採択する。

(2) 内部利益率法
A案：$r_A = 4.35\%$
B案：$r_B = 4.01\%$
C案：$r_C = 3.86\%$
よってA案を採択する。

付　表

《複利現価係数表》

現価係数　$\dfrac{1}{(1+k)^t}$

t \ k	1%	2%	3%	4%	5%	6%	7%	8%	9%
1	0.9901	0.9804	0.9709	0.9615	0.9524	0.9434	0.9346	0.9259	0.9174
2	0.9803	0.9612	0.9426	0.9246	0.9070	0.8900	0.8734	0.8573	0.8417
3	0.9706	0.9423	0.9151	0.8890	0.8638	0.8396	0.8163	0.7938	0.7722
4	0.9610	0.9238	0.8885	0.8548	0.8227	0.7921	0.7629	0.7350	0.7084
5	0.9515	0.9057	0.8626	0.8219	0.7835	0.7473	0.7130	0.6806	0.6499
6	0.9420	0.8880	0.8375	0.7903	0.7462	0.7050	0.6663	0.6302	0.5963
7	0.9327	0.8706	0.8131	0.7599	0.7107	0.6651	0.6227	0.5835	0.5470
8	0.9235	0.8535	0.7894	0.7307	0.6768	0.6274	0.5820	0.5403	0.5019
9	0.9143	0.8368	0.7664	0.7026	0.6446	0.5919	0.5439	0.5002	0.4604
10	0.9053	0.8203	0.7441	0.6756	0.6139	0.5584	0.5083	0.4632	0.4224
11	0.8963	0.8043	0.7224	0.6496	0.5847	0.5268	0.4751	0.4289	0.3875
12	0.8874	0.7885	0.7014	0.6246	0.5568	0.4970	0.4440	0.3971	0.3555
13	0.8787	0.7730	0.6810	0.6006	0.5303	0.4688	0.4150	0.3677	0.3262
14	0.8700	0.7579	0.6611	0.5775	0.5051	0.4423	0.3878	0.3405	0.2992
15	0.8613	0.7430	0.6419	0.5553	0.4810	0.4173	0.3624	0.3152	0.2745

t \ k	10%	11%	12%	13%	14%	15%	16%	20%	30%
1	0.9091	0.9009	0.8929	0.8850	0.8772	0.8696	0.8621	0.8333	0.7692
2	0.8264	0.8116	0.7972	0.7831	0.7695	0.7561	0.7432	0.6944	0.5917
3	0.7513	0.7312	0.7118	0.6931	0.6750	0.6575	0.6407	0.5787	0.4552
4	0.6830	0.6587	0.6355	0.6133	0.5921	0.5718	0.5523	0.4823	0.3501
5	0.6209	0.5935	0.5674	0.5428	0.5194	0.4972	0.4761	0.4019	0.2693
6	0.5645	0.5346	0.5066	0.4803	0.4556	0.4323	0.4104	0.3349	0.2072
7	0.5132	0.4817	0.4523	0.4251	0.3996	0.3759	0.3538	0.2791	0.1594
8	0.4665	0.4339	0.4039	0.3762	0.3506	0.3269	0.3050	0.2326	0.1226
9	0.4241	0.3909	0.3606	0.3329	0.3075	0.2843	0.2630	0.1938	0.0943
10	0.3855	0.3522	0.3220	0.2946	0.2697	0.2472	0.2267	0.1615	0.0725
11	0.3505	0.3173	0.2875	0.2607	0.2366	0.2149	0.1954	0.1346	0.0558
12	0.3186	0.2858	0.2567	0.2307	0.2076	0.1869	0.1685	0.1122	0.0429
13	0.2897	0.2575	0.2292	0.2042	0.1821	0.1625	0.1452	0.0935	0.0330
14	0.2633	0.2320	0.2046	0.1807	0.1597	0.1413	0.1252	0.0779	0.0254
15	0.2394	0.2090	0.1827	0.1599	0.1401	0.1229	0.1079	0.0649	0.0195

《年金現価係数表》

年金現価係数 $\dfrac{(1+k)^t-1}{k(1+k)^t}$

t \ k	2%	3%	4%	5%	6%	7%	8%	9%
1	0.9804	0.9709	0.9615	0.9524	0.9434	0.9346	0.9259	0.9174
2	1.9416	1.9135	1.8861	1.8594	1.8334	1.8080	1.7833	1.7591
3	2.8839	2.8286	2.7751	2.7232	2.6730	2.6243	2.5771	2.5313
4	3.8077	3.7171	3.6299	3.5460	3.4651	3.3872	3.3121	3.2397
5	4.7135	4.5797	4.4518	4.3295	4.2124	4.1002	3.9927	3.8897
6	5.6014	5.4172	5.2421	5.0757	4.9173	4.7665	4.6229	4.4859
7	6.4720	6.2303	6.0021	5.7864	5.5824	5.3893	5.2064	5.0330
8	7.3255	7.0197	6.7327	6.4632	6.2098	5.9713	5.7466	5.5348
9	8.1622	7.7861	7.4353	7.1078	6.8017	6.5152	6.2469	5.9952
10	8.9826	8.5302	8.1109	7.7217	7.3601	7.0236	6.7101	6.4177
11	9.7868	9.2526	8.7605	8.3064	7.8869	7.4987	7.1390	6.8052
12	10.5753	9.9540	9.3851	8.8633	8.3838	7.9427	7.5361	7.1607
13	11.3484	10.6350	9.9856	9.3936	8.8527	8.3577	7.9038	7.4869
14	12.1062	11.2961	10.5631	9.8986	9.2950	8.7455	8.2442	7.7862
15	12.8493	11.9379	11.1184	10.3797	9.7122	9.1079	8.5595	8.0607

t \ k	10%	11%	12%	13%	14%	15%	20%	30%
1	0.9091	0.9009	0.8929	0.8850	0.8772	0.8696	0.8333	0.7692
2	1.7355	1.7125	1.6901	1.6681	1.6467	1.6257	1.5278	1.3609
3	2.4869	2.4437	2.4018	2.3612	2.3216	2.2832	2.1065	1.8161
4	3.1699	3.1024	3.0373	2.9745	2.9137	2.8550	2.5887	2.1662
5	3.7908	3.6959	3.6048	3.5172	3.4331	3.3522	2.9906	2.4356
6	4.3553	4.2305	4.1114	3.9975	3.8887	3.7845	3.3255	2.6427
7	4.8684	4.7122	4.5638	4.4226	4.2883	4.1604	3.6046	2.8021
8	5.3349	5.1461	4.9676	4.7988	4.6389	4.4873	3.8372	2.9247
9	5.7590	5.5370	5.3282	5.1317	4.9464	4.7716	4.0310	3.0190
10	6.1446	5.8892	5.6502	5.4262	5.2161	5.0188	4.1925	3.0915
11	6.4951	6.2065	5.9377	5.6869	5.4527	5.2337	4.3271	3.1473
12	6.8137	6.4924	6.1944	5.9176	5.6603	5.4206	4.4392	3.1903
13	7.1034	6.7499	6.4235	6.1218	5.8424	5.5831	4.5327	3.2233
14	7.3667	6.9819	6.6282	6.3025	6.0021	5.7245	4.6106	3.2487
15	7.6061	7.1909	6.8109	6.4624	6.1422	5.8474	4.6755	3.2682

付表

索　引

あ　行

アクティビティ　95
後入先出法　39, 41, 111
あるべき原価　163
安全余裕度　208

意思決定　3
意思決定問題　214
異常値　198
一括按分法　143
一般管理費　7
移動平均法　39, 41

売上原価　2, 28
売上高線　203
運搬部費　81

営業利益　189, 190

か　行

買入部品費　34
会計的利益　215
階梯式配賦法　82
回避可能原価　218
回避不能原価　218
外部材料副費　35, 36
価格計算目的　8
価格差異　171
価格設定　164
加給金　45
加工進捗度　106
加工費　19, 105
加工費工程別総合原価計算　126, 136

加工費法　136
貸方差異　44, 166
加重平均資本コスト　232
活動　95
活動基準　57
活動基準原価計算　94
活動作用因　95
活動センター　94
貨幣の時間価値　223
借方差異　44
勘定科目法　198
完成品換算生産量　108
完成品総合原価　105
間接経費　19, 26
間接工　45
間接材料費　19, 26, 34
間接費　18, 26
間接労務費　19, 26, 46, 49
簡便法　82
管理可能費　20
管理不能費　20
関連原価　216

機械運転時間基準　56
機会原価　214
期間原価　17, 28
期間消費数量　39
期首棚卸数量　39
基準操業度　59
記帳の簡略化と迅速化　162
機能別分類　18
基本計画　9
基本計画目的　8, 8
基本賃金　47

期末実地棚卸数量　39
キャッシュ・アウトフロー　222
キャッシュ・インフロー　222
キャッシュ・フロー　222
給付　12
給料　46
許容標準原価　166,170
許容標準作業時間　176

組間接費　145
組直接費　145
組別総合原価計算　28,120,145

経営資源　95
経済性計算　222
経済的利益　215
継続記録法　38
継続製造指図書　23
形態別分類　18
経費　6,7,52
結合原価　150
結合生産物　121
月次計算　6
月末仕掛品原価　23
原価　11
　　──に関する細分記録　28
　　──の情報　2
　　真実の──　163
限界利益　189,190,205
限界利益率　206
原価管理　167
原価管理目的　8,162
原価計算　2
原価計算期間　6
原価計算基準　7
原価計算対象　96
現価係数　226
現価係数表　226
原価差異　166
原価作用因　95

減価償却費　231
原価低減計画　163
原価場所別計算　25
原価標準　165
原価負担者別計算　25
原価部門　26,77
原価部門別計算　22,25
原価元帳　65
原価要素別按分法　143
原価要素別計算　25
現金支給額　47
現金主義　222
現在価値　225
原材料　2,6
減損　115
減分収益　216
原料費　34

工業簿記　9
貢献利益　189
工事管理部門　78
公式法変動予算　61
工場事務部費　81
工場消耗品費　34
工程共通費　129
工程個別費　128
工程別総合原価計算　121,126
高低法　198
コストオブジェクト　96
コスト・ドライバー　95
コスト・プール　94
固定製造原価　188
固定費　19
固定費額　199
固定費調整　193
固定費能率差異　179
固定予算　59,176
個別原価計算　4,22,23,28,63
個別原価計算表　65
個別受注生産形態の企業　4

混合差異　173

さ　行

最小自乗法　200, 201
財務諸表作成　2
財務諸表作成目的　8, 162
材料購入価格　35
材料仕入帳　36
材料主費　35
材料消費価格　38
材料消費価格差異　43
材料消費額　38
材料消費数量　38
材料倉庫部費　81
材料費　6, 7, 12, 34
材料副費　35, 36
材料副費予定配賦率　36
材料予定消費額　43
差額原価　215
差額原価収益分析　22
差額収益　215
先入先出法　39, 40, 110
作業屑　71
作業時間差異　173
雑給　46
サービス　2

仕掛品　2, 3
仕掛品勘定　105
仕掛品元帳　65
資源作用因　95
試行錯誤法　230
事後原価　15
支出　11
支出原価　214
事前原価　16
仕損　115
仕損費　69
仕損品　69
実際価格　15

実際原価　28, 166
実際原価計算　22
実際消費価格　15, 38
実際消費数量　38
実際生産量　170
支払経費　52, 53
支払賃金　47
資本コスト　228
収益　11
終価　225
終価係数　225
従業員賞与　46
修正先入先出法　111
修繕部費　81
主産物　121
主要材料費　34
準固定費　20
純粋先入先出法　111
準変動費　19
消費賃金　49
消費賃率　49
正味キャッシュ・フロー　222
正味現在価値　227
消耗工具器具備品費　35
将来価値　225
進捗度　106
進捗率　106

数量差異　171
スキャッター・グラフ法　199

生産量基準　56
正常原価法　107
正常市価　150
製造間接費　19
　——の予定配賦　58
製造間接費差異　168, 175
製造間接費配賦差異　60, 61
製造間接費予算　59
製造間接費予算額　178

索引

製造業　9
製造指図書　63, 66
製造直接費　19
製造部門　26, 77
製造元帳　65
税引後キャッシュ・フロー　231
製品　2
製品原価　17
　　1個当たりの──　5
製品製造原価　7
製品との関連における原価の分類　18
製品別計算　22, 25
製品別原価　26
責任会計　20
前工程費　128
全部原価　17
全部原価計算　23
全部原価評価法　107
全部原価要素工程別総合原価計算　126

操業度　19
操業度差異　61, 62, 176, 178
総原価　7
総原価線　203
総合原価計算　5, 22, 23, 104
相互配賦法　81
増分収益　215
総平均法　39, 42
素価　56
素価基準　56
測定経費　53, 54
素材費　34
その他の個別計画の設定　164
損益計算書　2
損益分岐点販売量　204, 205
損益分岐点比率　207
損益分岐点分析　203

た　行

第1次集計　78

第3次集計　87
第2次集計　81
貸借対照表　2
棚卸計算法　38
棚卸減耗　42
棚卸減耗費　42
棚卸資産　28
　　──の算定　167
単位当たり変動費　199
単純個別原価計算　23, 28, 64
単純総合原価計算　120
単純総合原価計算表　118

直接経費　19, 26
直接原価計算　23, 188
直接原価法　56
直接工　45
直接材料費　19, 26, 34
直接材料費基準　56
直接材料費差異　168, 171
直接作業時間基準　56
直接配賦法　81
直接費　18, 26
直接労務費　19, 26, 46, 49
直接労務費基準　56
直接労務費差異　168, 173
直課　19
賃金　45
賃金支給総額　47
賃金支払表　48
賃率　12
賃率差異　173

月割経費　52, 54

手当　46

等価生産量　108
等価比率　143
当期受入数量　39

等価係数 142
等級製品 142
等級別総合原価計算 28, 120, 142
動作研究 17
投資プロジェクト 222
動力部費 81
度外視法 115
特殊原価概念 214
特殊原価調査 8, 214
特定製造指図書 23, 63

な 行

内部材料副費 35, 36
内部利益率 229
内部利益率法 229

年価 229
年間利益率 227
年金原価係数 229
燃料費 34

能率差異 176, 178

は 行

配賦 55, 78
配賦額 57
配賦基準 55
配賦率 57
発生経費 53, 54
発生主義 222
販売費 7

非原価項目 7
非度外視法 118
費目別計算 22, 25, 34
費用 11
標準原価 3, 16, 17
　製品の—— 160
標準原価カード 165
標準原価計算 22, 160

標準配賦率 179
非累加法 128

賦課 19
副産物 121, 148
部分原価 18
部分原価評価法 107
部門共通費 78
部門個別費 78
部門費 76
部門費集計表 78
部門別計算 26, 76
部門別個別原価計算 23, 64
不利差異 43, 51, 166

平均法 109
変動製造原価 188
変動製造マージン 189
変動費 19
変動費能率差異 179
変動費率 206
変動予算 59, 178

法人税 231
法定福利費 46
補助経営部門 77
補助部門 26, 77
補助部門個別費 129

ま 行

埋没原価 216

見込大量生産形態の企業 4
見積原価 16
見積原価計算 22

無関連原価 216
無評価法 107

目標設定の資料 167

や 行

有利差異　*44, 51, 166*

用水部費　*81*
予算　*164*
予算管理目的　*8*
予算差異　*61, 176, 178*
予算編成目的　*162*
予定価格　*43*
予定原価　*16*
予定原価計算　*22*
予定原価法　*107*
予定消費価格　*15*
予定消費賃金　*51*
予定賃率　*51*
予定配賦額　*59*
予定配賦率　*36, 58, 59*

ら 行

利益計画　*3, 205, 208*
リソース　*95*

累加法　*127*

歴史的原価　*15*
連結原価　*150*
連産品　*121, 150*
連産品原価　*121*
連産品原価計算　*151*
連続番号　*66*

労務費　*6, 7, 12, 45*

わ 行

割引キャッシュ・フロー法　*227*
割引計算　*226*
割引率　*226*

欧　字

ABC　*94*
CVP分析　*203*
DCF法　*227*
IRR　*229*
NPV　*227*
OR　*17*

著者紹介（担当章）

　　　奥村　輝夫（おくむら　てるお）（1, 4, 6, 7章）
1973年　明治大学大学院商学研究科博士課程修了
　　　　富士短期大学講師，助教授，専修大学商学部助教授を経て
1990年　専修大学商学部教授。東海大学，大妻女子大学兼任講師歴任
現　在　専修大学商学部教授，専修大学大学院商学研究科教授
　　　　主要著書
『基本原価計算』（多賀出版，1983年）
『原価計算システム論』（共著，中央経済社，1996年）
『全経簿記上級——原価計算・工業簿記テキスト』（共著，中央経済社，2007年）

　　　齋藤　正章（さいとう　まさあき）（3, 5, 8〜12章）
1995年　早稲田大学大学院商学研究科博士課程単位取得
　　　　放送大学専任講師，助教授を経て
現　在　放送大学教養学部准教授
　　　　主要著書
『株主価値を高めるEVA経営』（共著，中央経済社，2002年）
『簿記入門　改訂版』（放送大学教育振興会，2006年）
『NPOマネジメント』（共著，放送大学教育振興会，2007年）

　　　井出　健二郎（いで　けんじろう）（2章）
1997年　早稲田大学大学院商学研究科博士課程単位取得
　　　　和光大学専任講師，助教授を経て
現　在　和光大学経済経営学部教授，東京医科歯科大学大学院兼任講師
　　　　主要著書
『完全解説　病医院会計のすべて——改正「病院会計準則」対応』（日本医療企画，2004年）
『介護サービス事業者のための経営分析』（角川書店，2005年）
『原価計算・工業簿記演習』（共著，創成社，2006年）

会計学叢書 Introductory	
原 価 計 算	

2007年11月25日Ⓒ	初 版 発 行
2011年 1 月25日	初版第 2 刷発行

著 者	奥 村 輝 夫	発行者	木 下 敏 孝
	齋 藤 正 章	印刷者	加 藤 純 男
	井 出 健 二 郎	製本者	石 毛 良 治

【発行】　　　　株式会社　新世社

〒151-0051　東京都渋谷区千駄ヶ谷1丁目3番25号
☎(03)5474-8818(代)　　　サイエンスビル

【発売】　　　　株式会社　サイエンス社

〒151-0051　東京都渋谷区千駄ヶ谷1丁目3番25号
営業☎(03)5474-8500(代)　　　振替 00170-7-2387
FAX☎(03)5474-8900

印刷　加藤文明社　　　製本　ブックアート
《検印省略》

本書の内容を無断で複写複製することは，著作者および出版者の権利を侵害することがありますので，その場合にはあらかじめ小社あて許諾をお求めください。

ISBN 978-4-88384-115-8
PRINTED IN JAPAN

サイエンス社・新世社のホームページのご案内
http://www.saiensu.co.jp
ご意見・ご要望は
shin@saiensu.co.jp まで．